Tarek Frikha

# Conceção de sistemas incorporados

**Tarek Frikha**

# Conceção de sistemas incorporados

## A linguagem VHDL

**ScienciaScripts**

**Imprint**

Any brand names and product names mentioned in this book are subject to trademark, brand or patent protection and are trademarks or registered trademarks of their respective holders. The use of brand names, product names, common names, trade names, product descriptions etc. even without a particular marking in this work is in no way to be construed to mean that such names may be regarded as unrestricted in respect of trademark and brand protection legislation and could thus be used by anyone.

Cover image: www.ingimage.com

This book is a translation from the original published under ISBN 978-620-6-70458-4.

Publisher:
Sciencia Scripts
is a trademark of
Dodo Books Indian Ocean Ltd. and OmniScriptum S.R.L publishing group

120 High Road, East Finchley, London, N2 9ED, United Kingdom
Str. Armeneasca 28/1, office 1, Chisinau MD-2012, Republic of Moldova, Europe
Printed at: see last page
ISBN: 978-620-8-07044-1

# Conteúdo

# Introdução geral

O objetivo deste curso é descrever a linguagem de modelação VHDL [1]. A VHDL é utilizada para descrever a estrutura lógica e a função dos sistemas digitais a vários níveis de abstração, desde o nível do sistema até ao nível da porta. Foi concebida, entre outras coisas, como uma linguagem de modelação para especificação e simulação. Também pode ser utilizada para a síntese de hardware, se nos limitarmos a um subconjunto que possa ser traduzido automaticamente para hardware.

A VHDL nasceu do programa de circuitos integrados de velocidade muito elevada (VHSIC) do governo dos EUA. Durante este programa, tornou-se claro que era necessária uma linguagem normalizada para descrever a estrutura e o funcionamento dos circuitos integrados (CI). Isto levou ao desenvolvimento da linguagem de descrição de hardware VHSIC (VHDL). Foi então desenvolvida sob os auspícios do Instituto de Engenheiros Eléctricos e Electrónicos (IEEE)[2] e adoptada sob a forma da norma IEEE 1076, *Standard VHDL Language Reference Manual,* em 1987. Esta primeira versão standard da linguagem é frequentemente referida como VHDL-87.

Como todas as normas do IEEE, a norma VHDL é revista pelo menos de cinco em cinco anos. Os comentários e sugestões dos utilizadores da norma de 1987 foram analisados pelo grupo de trabalho do IEEE responsável pela VHDL e, em 1992, foi proposta uma versão revista da norma. Esta foi finalmente adoptada em 1993, dando origem à VHDL-93. Em 1998, iniciou-se um novo ciclo de revisão da norma. Este processo foi concluído em 2001, dando origem à versão atual da linguagem, VHDL-2002 [3].

Este tutorial apresenta os recursos da linguagem que são comuns a todas as versões da linguagem. Eles são expressos usando a sintaxe do VHDL-93 e versões posteriores. Alguns aspectos da sintaxe são incompatíveis com a versão original VHDL-87. No entanto, a maioria das ferramentas atualmente suporta pelo menos VHDL-93, pelo que as diferenças de sintaxe não deverão constituir um problema [4].

Neste documento, começamos por descrever o fluxo de conceção VHDL. De seguida, descrevemos os conceitos fundamentais de VHDL. De seguida, destacamos as construções básicas de VHDL. Por último, propomos alguns exemplos de arquitecturas VHDL corrigidas.

# CAPÍTULO 1

## Fluxo de conceção VHDL.

1.  Introdução :

O fluxo de conceção refere-se à sequência de passos envolvidos na transformação de uma ideia, especificação ou problema num produto eletrónico tangível. Pode incluir a conceção de hardware, a programação de software ou uma combinação de ambos. No contexto da conceção de hardware, como a utilização da linguagem VHDL, o fluxo de conceção segue normalmente várias fases-chave. Neste capítulo, detalharemos as diferentes fases do fluxo de projeto

2.  Fluxo de conceção :

O fluxo de conceção para implementar uma arquitetura VHDL pode ser dividido em 5 partes. Estas partes são as seguintes:

- Editar texto ou gráficos
- Simulação VHDL
- Síntese VHDL
- Extração de tempo
- Colocação e encaminhamento (P&R)

Nas várias partes deste capítulo, detalharemos os diferentes componentes deste fluxo. Estas etapas são as bases para a criação de uma arquitetura optimizada e funcional. A Figura 1 mostra as diferentes etapas do nosso fluxo de conceção.

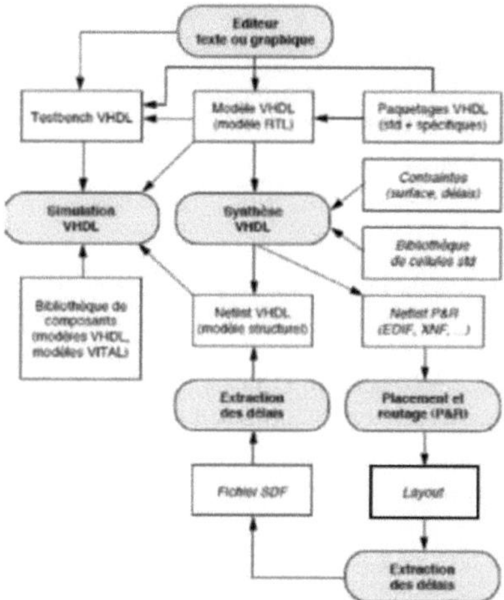


Figura 1 Fluxo de conceção VHDL

3.  Editor de texto ou de gráficos :

A VHDL (VHSIC Hardware Description Language), tal como descrita na introdução geral, é uma linguagem de descrição de hardware utilizada para modelar e conceber circuitos electrónicos. Oferece duas abordagens complementares ao projeto: a escrita de código VHDL em texto e a utilização de editores gráficos.

a.  CódigoVHDLTextual:

Nesta abordagem, os projectistas escrevem código VHDL utilizando um editor de texto normalizado. O código de texto descreve o comportamento e a estrutura do circuito a projetar.

O editor de texto é crucial para escrever, organizar e editar o código VHDL. Este editor deve fornecer caraterísticas como o realce da sintaxe (realce de palavras-chave, operadores, etc.), a indentação automática, a numeração de linhas e ferramentas de pesquisa para facilitar a navegação no código.

Uma das vantagens mais importantes da abordagem baseada em texto é o facto de fornecer uma descrição precisa e detalhada do circuito. Oferece um controlo fino sobre o código fonte, o que pode ser essencial para projectos complexos que requerem uma otimização e personalização extensivas.

b.    Editor gráfico :

O editor gráfico baseia-se em determinadas ferramentas de desenho VHDL. Estas ferramentas oferecem editores gráficos que permitem aos projectistas criar esquemas do circuito utilizando uma interface gráfica. Estes esquemas podem depois ser traduzidos em código VHDL.

A importância do editor gráfico reside no facto de simplificar a criação de modelos, permitindo aos projectistas representar visualmente a estrutura do circuito. Fornece uma visão gráfica intuitiva do sistema, que pode ser particularmente útil para a compreensão e visualização de circuitos complexos.

Uma das vantagens do editor gráfico é o facto de poder acelerar o processo de conceção para tarefas simples e ser mais acessível para principiantes. Também promove a comunicação entre os membros da equipa, uma vez que a representação gráfica é frequentemente mais fácil de compreender para quem não está familiarizado com o código VHDL.

Em suma, o código VHDL baseado em texto é essencial para descrever com precisão e controlar com precisão o comportamento de um circuito. O editor de texto facilita a escrita, a modificação e a gestão do código fonte. Por outro lado, o editor gráfico oferece uma abordagem visual, facilitando a compreensão e a comunicação globais, particularmente útil nas fases iniciais de conceção ou para equipas multidisciplinares. As duas abordagens podem coexistir e ser utilizadas de acordo com as necessidades específicas de um projeto.

Como resultado da preparação do código para a nossa arquitetura utilizando o editor gráfico ou de texto, teremos dois resultados possíveis: o TestBench ou o modelo VHDL e, mais especificamente, o modelo RTL.

c.    TestbenchVHDL:

O banco de ensaio VHDL [5] é um ambiente de simulação crucial utilizado para verificar o comportamento dos circuitos electrónicos antes da sua implementação. Divide-se em bancos de ensaio estruturais para testar componentes individuais e bancos de ensaio a nível do sistema para validar o sistema global. Estes bancos de ensaio incluem elementos como a instanciação de entidades, geradores de sinais, processos de simulação, asserções e ferramentas de simulação VHDL com visualizadores de formas de onda. Os bancos de ensaio são essenciais para identificar e corrigir erros de conceção, garantir a funcionalidade correta do circuito e facilitar a verificação completa do sistema.

d.    Modelo VHDL:

Um modelo RTL (Register-Transfer Level) [6] em VHDL representa o comportamento interno de um circuito eletrónico através da descrição das transferências de dados entre registos. Especifica operações a um nível de descrição inferior ao nível algorítmico, mas superior ao nível da tecnologia específica. As entidades RTL definem módulos lógicos que interagem através de sinais e registos. Este modelo é crucial para a conceção de hardware, fornecendo uma representação abstrata do funcionamento do circuito, facilitando a síntese lógica e a verificação antes da implementação do hardware. A descrição RTL em VHDL utiliza processos para descrever o comportamento sequencial e atribuições de sinais para representar operações paralelas.

Outras entradas para os modelos de Testbench e RTL incluem pacotes VHDL. Estes pacotes são o resultado de um conjunto de funções que são reunidas para realizar um processo específico. Os pacotes incluem pacotes lógicos (portas lógicas, etc.), pacotes aritméticos (adição, subtração, etc.) e assim por diante.

4. Simulação VHDL :

A simulação VHDL é uma etapa crucial no processo de conceção de circuitos electrónicos. Consiste em executar virtualmente o código VHDL num ambiente de simulação para avaliar o comportamento do circuito antes de este ser implementado em hardware. Os simuladores VHDL, como o ModelSim [7], o VCS ou o GHDL, são utilizados para executar bancos de ensaio e verificar a funcionalidade do projeto. A simulação é utilizada para detetar e corrigir erros de conceção, validar o funcionamento do circuito em diferentes condições e analisar as formas de onda resultantes.

Os projectistas podem também utilizar pontos de interrupção, asserções e visualizadores de formas de onda para depurar o código VHDL. Desta forma, a simulação VHDL ajuda a garantir a fiabilidade e o desempenho do circuito antes de este ser fabricado. A Figura 2 mostra um exemplo de simulação de código VHDL utilizando o software ModelSim.

Para além do Testbench e do modelo RTL, os outros blocos utilizados na simulação VHDL incluem :

• Bibliotecas de componentes: são utilizadas para simular determinadas funções predefinidas.

• Netlists VHDL: estas Netlists podem ser incorporadas na simulação VHDL. É neste caso que as netlists são utilizadas.

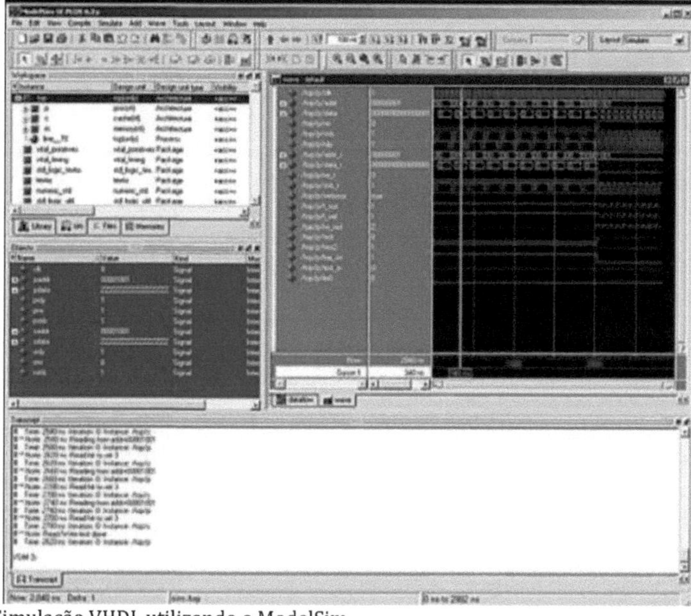

Figura 2 Simulação VHDL utilizando o ModelSim

5. Síntese VHDL :

A síntese VHDL é o processo de conversão de uma descrição de hardware escrita em VHDL numa representação Netlist, que especifica a estrutura lógica do circuito em termos de portas lógicas, flip-flops e outros elementos básicos. Este processo passa o projeto do nível de abstração algorítmica para uma representação de nível inferior adequada à implementação do hardware. Seguem-se alguns pontos-chave sobre a síntese VHDL:

a. Objetivo:

O principal objetivo da síntese é transformar a descrição comportamental ou estrutural em VHDL numa representação equivalente mais próxima do hardware.

b.  Ferramentas de síntese :

As ferramentas de síntese VHDL, como o Synopsys Design Compiler, o Xilinx Vivado ou o Intel Quartus Prime, analisam o código VHDL e geram uma lista de rede que representa a estrutura lógica do circuito.

c.  Optimizações :

As ferramentas de síntese efectuam optimizações para melhorar o desempenho do circuito, reduzir o consumo de energia, minimizar a área de superfície ocupada e respeitar as restrições de tempo.

d.  Restrições de síntese :

Os projectistas podem especificar restrições de síntese para orientar o processo, incluindo restrições de temporização, restrições de potência e restrições de colocação.

e.  Análise do calendário :

As ferramentas de síntese efectuam uma análise de temporização para garantir que os sinais chegam aos seus destinos dentro dos limites de tempo especificados.

f.  Relatório de síntese :

No final do processo, é gerado um relatório de síntese que fornece informações sobre o desempenho, o consumo de energia e outros aspectos do circuito sintetizado.

g.  Simulação pós-síntese :

Uma simulação pós-síntese é frequentemente efectuada para verificar o comportamento do circuito a um nível inferior após a síntese.

h.  Implementação de hardware :

A Netlist sintetizada pode então ser utilizada como entrada para o processo de colocação e encaminhamento, conduzindo, em última análise, ao fabrico do circuito integrado.

A síntese VHDL é um passo essencial no fluxo de conceção, transformando a conceção a um nível elevado de abstração numa representação concreta adequada à implementação de hardware num chip eletrónico.

6.  Extração de tempo :

A extração de atrasos em VHDL refere-se à determinação dos tempos de propagação e dos atrasos associados aos sinais num circuito eletrónico descrito em VHDL. Este passo é crucial para garantir que o circuito funciona de acordo com as especificações de tempo e desempenho definidas na fase de projeto.

Alguns dos pontos-chave sobre a extração de atrasos em VHDL incluem:

a.  Análise do calendário :

A extração de atrasos envolve uma análise aprofundada dos caminhos do sinal através do circuito para identificar atrasos e tempos de propagação.

b.  Modelos de atraso :

As ferramentas de projeto VHDL, tais como sintetizadores e simuladores, utilizam modelos de atraso para estimar o tempo necessário para transmitir um sinal de um ponto do circuito para outro.

c.  Tipos de prazos :

Existem diferentes tipos de atrasos, tais como atrasos nas portas lógicas, atrasos na comutação de flip-flops, atrasos no encaminhamento, etc. Cada tipo de atraso contribui para o tempo total de propagação de um sinal através do circuito. Cada tipo de atraso contribui para o tempo total de propagação de um sinal através do circuito.

d.  Restrições de tempo :

Os projectistas podem especificar restrições de temporização no seu código VHDL ou em ficheiros de restrições dedicados para orientar a extração de atrasos e garantir que o circuito respeita as especificações de temporização.

e.	Simulação de tempo :

As simulações pós-síntese são frequentemente efectuadas para validar os atrasos extraídos e garantir que o circuito funciona corretamente em condições reais.

f.	Relatórios de calendarização :

As ferramentas de projeto geram relatórios de temporização que fornecem informações detalhadas sobre atrasos extraídos, potenciais violações de restrições de temporização e outras caraterísticas de temporização do circuito.

g.	Otimização dos prazos de entrega :

Os projectistas podem ajustar o projeto para otimizar os prazos de entrega, por exemplo, modificando a lógica para reduzir os atrasos críticos ou reorganizando a colocação dos elementos para melhorar a sincronização.

A extração de atrasos em VHDL ajuda a garantir que o circuito cumpre as especificações de desempenho em termos de velocidade, tempo e estabilidade temporal. Isto permite que os projectistas tomem decisões informadas para otimizar o desenho para restrições de tempo específicas.

7.	Colocação e encaminhamento (P&R) :

A colocação e o encaminhamento são duas etapas cruciais na conceção de uma arquitetura VHDL que ocorrem após a síntese. Estas etapas têm por objetivo determinar a localização física dos vários elementos do circuito na pastilha (colocação) e estabelecer as ligações entre esses elementos (encaminhamento).

a.	Colocação :

•	Descrição: A colocação implica decidir a localização física dos vários elementos do circuito na pastilha. Isto inclui portas lógicas, flip-flops, blocos de memória e outros componentes sintetizados.

•	Objetivo: O principal objetivo da colocação é otimizar a disposição dos elementos para minimizar a latência, reduzir o consumo de energia e otimizar a utilização do espaço no chip.

b.	Encaminhamento :

•	Descrição: O encaminhamento consiste em estabelecer ligações físicas entre elementos de circuito utilizando os recursos disponíveis no chip, tais como pistas metálicas e interligações.

•	Objetivo: O objetivo do encaminhamento é assegurar uma conetividade correta, respeitando as restrições de tempo e optimizando o comprimento das ligações para minimizar a latência.

c.	Ferramentas de colocação e de encaminhamento :

•	Ferramentas automatizadas : As ferramentas automatizadas de colocação e de encaminhamento, integradas no software de conceção assistida por computador (CAD), são utilizadas para realizar estas tarefas de forma eficiente e optimizada.

•	Conformidade com as restrições: Estas ferramentas têm em conta as restrições do projeto, como as restrições de temporização, as regras de encaminhamento e as limitações físicas da pastilha.

d.	Análise pós-colocação e encaminhamento :

Verificação: Uma vez concluídas a colocação e o encaminhamento, é efectuada uma verificação pós-colocação e encaminhamento para garantir que o circuito continua a cumprir as especificações de conceção e as restrições impostas.

e.	Circuito de retorno :

Otimização: Dependendo dos resultados da análise pós-colocação e de encaminhamento, podem ser feitos ajustes ao desenho e pode ser necessário um ciclo de feedback com a síntese para fazer mais optimizações.

A colocação e o encaminhamento são passos essenciais para transformar o modelo lógico do circuito numa implementação física num chip. Estes processos têm como objetivo garantir que o circuito respeita as restrições de conceção, minimiza a latência do sinal e utiliza de forma eficiente os recursos do chip.

8.  Conclusão

Nesta secção, descrevemos em pormenor o fluxo de conceção de arquitecturas embebidas baseadas na linguagem VHDL. No próximo capítulo, descreveremos os conceitos fundamentais da linguagem.

# CAPÍTULO 2

# Conceitos fundamentais da linguagem VHDL

1.  Introdução :

O termo "sistemas digitais" engloba uma gama de sistemas, desde componentes de baixo nível até sistemas completos numa pastilha (systems-on-a-chip) e concepções ao nível das placas. Se quisermos abranger esta gama de pontos de vista dos sistemas digitais, temos de reconhecer a complexidade com que estamos a lidar. Não é humanamente possível compreender sistemas tão complexos na sua totalidade. Temos de encontrar formas de gerir esta complexidade para podermos, com algum grau de confiança, conceber componentes e sistemas que satisfaçam os seus requisitos. Neste capítulo, apresentaremos alguns conceitos fundamentais da linguagem VHDL.

2.  Modelação de sistemas incorporados :

A forma mais importante de enfrentar este desafio é adotar uma metodologia de conceção sistemática. Se começarmos com um documento de requisitos para o sistema, podemos conceber uma estrutura abstrata que satisfaça os requisitos. Podemos então decompor esta estrutura num conjunto de componentes que interagem para desempenhar a mesma função. Cada um destes componentes pode, por sua vez, ser decomposto até chegarmos a um nível em que temos componentes primitivos prontos a usar que desempenham uma função necessária. O resultado deste processo é um sistema hierarquicamente composto, construído a partir dos elementos primitivos.

A vantagem desta metodologia é que cada subsistema pode ser concebido independentemente dos outros. Quando utilizamos um subsistema, podemos pensar nele como uma abstração, em vez de termos de ver a sua composição detalhada. Desta forma, em cada fase do processo de conceção, só precisamos de prestar atenção à pequena quantidade de informação que é relevante para o objetivo de conceção atual. Desta forma, evitamos ser sobrecarregados por grandes quantidades de pormenores.

Utilizamos o termo modelo para descrever a nossa compreensão de um sistema. O modelo representa a informação relevante e abstrai os pormenores irrelevantes. Isto implica que podem existir vários modelos do mesmo sistema, uma vez que diferentes informações são relevantes em diferentes contextos. Um tipo de modelo pode centrar-se na representação da função do sistema, enquanto outro pode representar a forma como o sistema é constituído por subsistemas.

Há uma série de razões importantes para formalizar esta ideia de modelo, incluindo

*   exprimir os requisitos do sistema de uma forma completa e inequívoca.
*   documentar a funcionalidade de um sistema
*   testar um projeto para garantir o seu bom funcionamento

3.  Conceitos de modelação VHDL :

Nesta secção, analisamos os conceitos básicos de VHDL para a modelação comportamental e estrutural. Isto fornece uma introdução ao VHDL e uma base para os capítulos seguintes. Como exemplo, analisamos as formas de descrever um registo de quatro bits, apresentado na Figura 2-1.

Usando a terminologia VHDL, chamamos ao módulo reg4 uma entidade de projeto, e as entradas e saídas são portas. A Figura 3 mostra uma descrição VHDL da interface para esta entidade. Este é um exemplo de uma declaração de entidade. Ela introduz um nome para a entidade e lista as portas de entrada e saída, especificando que elas carregam valores de bits ('0' ou '1') para dentro e para fora da entidade. Assim, vemos que uma declaração de entidade descreve a visão externa da entidade.

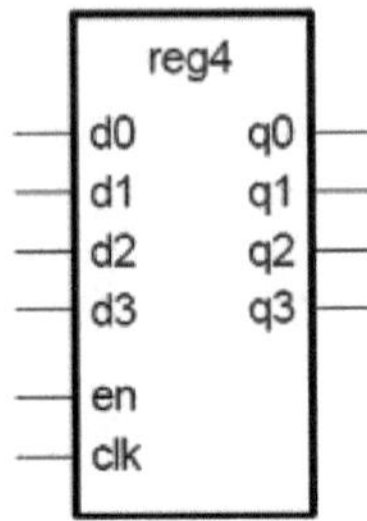


Chapitre 1       3 Registo de 4 bits

O registo de 4 bits chama-se reg4. Este bloco tem 6 entradas e *4* saídas.

As 6 entradas podem ser divididas em duas partes:

- As entradas específicas são: d0, dl, d2 e d3.

Cada uma destas entradas é de 1 bit, como descrito acima. Como exemplo, vamos assumir que a entrada para o nosso bloco é um número inteiro com um valor entre 0 e 15. Este valor pertence ao intervalo ['0000','llll']. O bloco :

o     d0representa o bit     menos significativo (pode ser assimilado ao bit das unidades).

o     dlrepresenta o bit     mais significativo seguinte (o bit seguinte da direita para a esquerda é igual a

para o bit das dezenas).

o     d2representa o bit     mais significativo seguinte (equivalente ao bit das centenas).

o     d3representa o bit     mais significativo (equivalente ao bit dos milhares).

- Entradas genéricas: en e clk.

o en ou enable: representa o bit correspondente à permissão de execução do bloco definido.

o clk ou relógio: representa o ciclo de relógio utilizado para orquestrar o código VHDL.

Os quatro sinais de saída são q0, ql, q2 e q3. Por analogia com as entradas d0, dl, d2 e d3, estas saídas representam o resultado da execução dos dados introduzidos no bloco.

O código de representação VHDL apresentado na Figura 4 é o seguinte:

a entidade reg4 é

ı      port ( dθ, d1, d2, d3, en, elk : in bit;

qθ, q1, q2, q3 : out bit );

entidade final reg4;

Figura 4 Código VHDL para a entidade de registo

Vamos tentar analisar o código escrito :

entidade é o termo utilizado para demonstrar o início e o fim de uma entidade específica. É um bloco a ser escrito em VHDL (é semelhante a uma função em algoritmia).

Assim, a primeira coisa a fazer é colocar **entidade** (*nome_da_entidade)* seguido de **is.**

De seguida, definimos as entradas, as saídas e os seus tipos. O termo **porta** é utilizado para definir **d0, d1, d2, d3, en** e **clk** como entradas **(in).** Estas entradas são do tipo **bit.** No entanto, **q0, q1, q2** e **q3** são saídas. Estas saídas também são do tipo **bit.**

a. Elementos de comportamento

Em VHDL, a descrição da implementação interna de uma entidade é designada por corpo de arquitetura de entidade. Podem existir vários corpos de arquitetura diferentes para a mesma interface de entidade, correspondendo a implementações alternativas que executam a mesma função. Podemos escrever um corpo de arquitetura comportamental para uma entidade, que descreve a função de uma forma abstrata. Esse corpo de arquitetura inclui apenas declarações de processos, que são colecções de acções a executar em sequência. Estas acções são chamadas instruções sequenciais e são muito semelhantes aos tipos de estado que vemos numa linguagem de programação convencional. Os tipos de acções que podem ser executadas incluem a avaliação de expressões, a atribuição de valores a variáveis, a execução condicional, a execução repetida e as chamadas de sub-rotinas. Além disso, existe uma instrução sequencial específica das linguagens de modelação de hardware, a instrução de atribuição de sinais. Esta instrução é semelhante à atribuição de variáveis, mas faz com que o valor de um sinal seja atualizado num determinado momento.

Para ilustrar estas ideias, vejamos um corpo de arquitetura comportamental para a entidade reg4, apresentado na Figura 2-3. Neste corpo de arquitetura, a parte que se segue à primeira palavra-chave **begin** inclui uma declaração de processo, que descreve o comportamento do registo. Começa com o nome do processo, armazenamento, e termina com as palavras-chave **end process.**

O código que representa os resultados comportamentais da Figura 3 em VHDL é apresentado na Figura 5.

O enunciado do processo define uma sequência de acções que devem ter lugar quando o sistema é simulado. Estas acções controlam a forma como os valores das portas da entidade mudam ao longo do tempo, ou seja, controlam o comportamento da entidade. Este processo pode alterar os valores das portas da entidade utilizando instruções de atribuição de sinais.

Este processo funciona da seguinte forma. Quando a simulação é iniciada, os valores dos sinais são definidos como "0" e o processo é ativado. As variáveis do processo (listadas após a palavra-chave **variable)** são inicializadas em "0", então as instruções são executadas em ordem. A primeira instrução é uma *instrução de espera* que *suspende* o processo. Enquanto o processo está suspenso, ele é *sensível* ao sinal clk. Quando clk assume o valor '1', o processo é retomado.

A próxima instrução é uma condição que testa se o sinal é "1". Se for, as instruções entre as palavras-chave **then** e **end if** são executadas, atualizando as variáveis de processo usando os valores dos sinais de entrada. Após a instrução condicional if, quatro instruções de atribuição de sinal são executadas, fazendo com que os sinais de saída sejam atualizados 5 ns depois.

Quando o processo chega ao fim da lista de instruções, elas são executadas novamente, a partir da palavra-chave **begin,** e o ciclo é repetido. Note-se que enquanto o processo está suspenso, os valores das variáveis do processo não se perdem. Isto significa que o processo pode representar o estado de um sistema.

**o comportamento da arquitetura do reg4 é begin**

armazenamento: **o processo é**

....**variável** armazenada d0, armazenada d1, armazenada d2, armazenada d3 : bit;

**começar**

**esperar até que** o clk = 'l';

**se** en = "1" **então**

armazenado_d0 := dθ;

armazenado_d1 := d1;

armazenado_d2 := d2;

armazenado_d3 := d3;

**fim se;**

qθ <= stored_d0 **após** 5 ns;

_q1 <= armazenado d1 após 5 ns;

q2 <= stored_d2 após 5 ns;

q3 <= stored_d3 após 5 ns;

armazenamento **do processo final**;

**comportamento da arquitetura final;**

Figura 5 Código de comportamento do registo

b. Elementos estruturais :

Um corpo de arquitetura composto unicamente por subsistemas interligados é designado por corpo de arquitetura *estrutural.* A figura 6 mostra como a entidade reg4 pode ser composta por D-flipflops.

Se quisermos descrever isto em VHDL, precisaremos de declarações de entidades e corpos de arquitetura para os subsistemas, como se mostra na Figura 7.

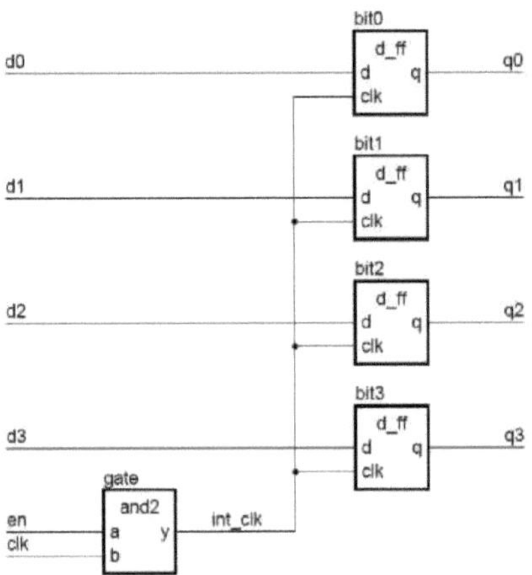


Figura 6 Código de comportamento do registo
**entidade d_ff É**
por( ( d. Clk ; In bit; q : out bit ); end d_ff;
a arquitetura básica de d_ff é
começar

.ff behavlar : o processo é
começar
esperar até que o alce = T;
q <= d após 2 ns;
fim do processo ff_behaviai;
arquitetura final básica:
entidade ≡ld2 para
port ( a. b ; i⊓ bit y ; cut bit );
e e2;
arquitetura de base de aπd2 la
começar
e2_comportamento : o processo é
começar
y <≡ a e b após 2 ns;
esperar em a. b
processo final e2_behavtor; base da arquitetura final;

Figura 7 Corpo da arquitetura em VHDL

A Figura 8 é uma declaração de corpo de arquitetura VHDL que descreve a estrutura apresentada na Figura 6. A *declaração de sinal,* antes da palavra-chave **begin,** define os sinais internos da arquitetura. Neste exemplo, o sinal int_clk é declarado como tendo um valor de bit C'O' ou '1'). Em geral, os sinais VHDL podem ser declarados como portadores de valores arbitrariamente complexos. No corpo da arquitetura, as portas de entidade também são tratadas

12

como sinais.

a estrutura **da arquitetura do** reg4 **é**

**sinal** int clk : bit;

**começar**

bit0 **: entidade** work.d_ff(basic)

**mapa de portas** (d0, int_clk, q0);

bit 1**: entidade** work.d_ff(basic)

**mapa de portas** (d1, int_clk, q1);

bit2 **: entidade** work.d_ff(basic)

**mapa de portas** (d2, int_clk, q2);

bit3**: entidade** work.d_ff(basic)

**mapa de portas** (d3, int_clk, q3);

gate : **entidade** work.and2(basic)

**mapa de portas** (en, elk, int clk);

estrutura **de arquitetura final**;

Figura 8 Corpo da arquitetura estrutural da entidade reg4

Na segunda parte do corpo da arquitetura, é criado um certo número de *instâncias componentes*, que representam os subsistemas a partir dos quais é composta a entidade reg4. Cada instância de componente é uma cópia da entidade que representa o subsistema, utilizando o corpo da arquitetura de base correspondente. (O nome work refere-se à biblioteca de trabalho atual, na qual se assume que todas as descrições de entidades e corpos arquitectónicos são mantidas).

O *mapa de portas[8]* especifica a ligação das portas de cada instância de componente aos sinais do corpo da arquitetura que o rodeia. Por exemplo, bit0, uma instância da entidade d_ff, tem sua porta d conectada ao sinal d0, sua porta clk conectada ao sinal int_clk e sua porta q conectada ao sinal q0.

c. O banco de ensaio :

É frequente testarmos um modelo VHDL utilizando um modelo envolvente designado por *banco de ensaio*. Este nome vem da analogia com um banco de testes de hardware real, no qual um dispositivo sob teste é estimulado por geradores de sinais e observado por sondas de sinais. Um banco de ensaio VHDL consiste num corpo de arquitetura que contém uma instância do componente a ser testado e processos que geram sequências de valores em sinais ligados à instância do componente. O corpo da arquitetura também pode conter processos que testam se a instância do componente produz os valores esperados em seus sinais de saída. Em alternativa, podemos utilizar as funções de monitorização de um simulador para observar as saídas.

Um modelo de banco de ensaio para a implementação comportamental do registo reg4 é apresentado na Figura 9. A declaração da entidade não inclui uma lista de portas, uma vez que o banco de ensaio é inteiramente autónomo. O corpo da arquitetura contém sinais ligados às portas de entrada e saída da instância do componente dut, o dispositivo em teste. O processo chamado stimulus fornece uma sequência de valores de teste nos sinais de entrada, executando instruções de atribuição de sinais, intercaladas com instruções de espera. Podemos utilizar um simulador para observar os valores dos sinais q0 a q3 para verificar se o registo está a funcionar corretamente. Quando todos os valores de estímulo tiverem sido aplicados, o processo de estímulo espera indefinidamente, terminando a simulação.

A adição de expressões **wait for** permite-lhe esperar 20 ns antes de passar à instrução seguinte. O mesmo se aplica à expressão **after.**

É importante notar que o código VHDL é paralelo em termos de arquitetura. Para executar código sequencial, deve ser inserido um **processo.**

_O banco de ensaio de **entidades é o** banco de ensaio de **entidades finais**;

**A arquitetura** test_reg4 **do** banco de ensaio **é**

sinal dθ, d1, d2, d3, en, elk, qθ, q1, q2, q3 : bit;

**lcomeçar**

dut : entidade trabalho.reg4(behav)

**mapa do porto (** dθ, d1, d2, d3, en, elk, qθ, q1, q2, q3 );

estímulo : **o processo é iniciado**

…dθ<='1'; d1 <= 1 ; d2<='1'; d3<='1 ;

·en <= O'; elk <= '0 ;

**esperar** 10 ns;

en <= 'Γ; **aguardar** 10 ns;

elk = '1', '0' **após** 10 ns; **esperar** 20 ns;

dθ <= O'; d1 <= '0'; d2 <= '0'; d3 <= '0';

en <= O'; **aguardar** 10 ns;

elk <= '1', '0' **após** 10 ns; **aguardar** 20 ns;

**esperar;**

estímulo **do processo final**;

**arquitetura final** test_reg4;           "

Figura 9 Modelo de banco de ensaio para a arquitetura 1 test_reg4

4. Conclusão :

Neste capítulo, descrevemos os fundamentos da linguagem VHDL. Começámos com a estrutura da entidade, seguida da arquitetura que permite a visualização dos dados comportamentais. Por fim, encerramos com o Testbench. O Testbench utiliza a entidade reg4 para testar a sua execução. Os resultados da execução do Testbench são obtidos através de softwares como o Isim ou o Modeslim. No próximo capítulo, definiremos a construção do VHDL ou, mais especificamente, como utilizar o VHDL como linguagem de programação.

# CAPÍTULO 3

# Construção VHDL

## 1. Introdução :

Tendo descrito anteriormente os vários elementos básicos que permitem codificar em VHDL, como as entidades, as arquitecturas e o testbench, neste capítulo vamos explicar como se pode construir um sistema em VHDL. Serão propostos os vários elementos sintácticos que permitem a utilização de VHDL como linguagem de programação.

## 2. Lista de variáveis :

Quando aprendemos uma nova língua, temos de aprender a escrever o básico, como números e identificadores. Também precisamos de aprender a sintaxe, as regras gramaticais que regem a forma como fazemos as construções linguísticas. Vamos descrever brevemente os elementos lexicais e a nossa notação das regras gramaticais, e depois começaremos a introduzir as caraterísticas da língua.

VHDL utiliza o conjunto de caracteres ISO 8859 Latin-I de 8 bits. Este conjunto inclui letras maiúsculas e minúsculas (incluindo letras com sinais diacríticos, como 'to', 'at', etc.), dígitos de 0 a 9, pontuação e outros caracteres especiais.

### a. Comentários

Quando escrevemos um modelo de hardware em VHDL, é importante anotar o código com comentários. Um modelo VHDL é constituído por um conjunto de linhas de texto. Um comentário pode ser adicionado a uma linha escrevendo dois traços juntos, seguidos pelo texto do comentário. Por exemplo :

*-- uma linha de descrição VHDL     -- um comentário descritivo*

O comentário estende-se desde os dois traços até ao fim da linha e pode incluir qualquer texto, uma vez que não faz formalmente parte do modelo VHDL. O código de um modelo pode incluir linhas vazias e linhas contendo apenas comentários, começando com dois traços. Podemos escrever comentários longos em linhas sucessivas, cada uma começando com dois traços, por exemplo :

- - Os seguintes modelos de código
- - a secção de controlo do sistema

... algum código VHDL ...

É importante ter em conta determinados critérios da linguagem VHDL. As seguintes convenções de nomenclatura aplicam-se aos projectos VHDL:

- VHDL não faz distinção entre maiúsculas e minúsculas.
- São utilizados dois traços para iniciar linhas de comentário.
- Os nomes podem utilizar caracteres alfanuméricos e o sublinhado " ".
- Os nomes devem começar por uma letra alfabética.
- É proibido utilizar dois sublinhados seguidos ou utilizar um sublinhado como último carácter do nome.
- Não são permitidos espaços nos nomes.
- Os nomes dos objectos devem ser únicos. Por exemplo, não se pode ter um sinal com o nome A e um bus com o nome A(7 a 0).

Segue-se uma lista de palavras-chave VHDL reservadas [9] :

| Abs | Para baixo | Biblioteca | adiado | Subtipo |
|---|---|---|---|---|
| Acesso | Além disso | Ligação | procedimento | Depois |
| Depois de | Elsif | Literal | processo | Para |
| Apelido | Fim | Laço | puro | Transporte |
| Todos | Entidade | Mapa | gama | Tipo |
| E | Sair | Mod | registo | Não afetado |

| Arquitetura | Ficheiro | Nand | registo | Unidades |
|---|---|---|---|---|
| Matriz | Para | Novo | rejeitar | Até |
| Afirmar | Função | Seguinte | rem | Utilização |
| Atributo | Gerar | Nem | relatório | Variável |
| Começar | Genéricos | Não | retorno | Esperar |
| Bloco | Grupo | Nulo | Rol | Quando |
| Corpo | Guardado | de | Ror | Enquanto |
| Tampão | Se | Nós | selecionar | Com |
| Autocarro | Impuro | Aberto | severidade | Xnor |
| Caso | Em | Ouro | partilhado | Xor |
| Componente | Inercial | Outros | sinal | Configuração |
| Entrada | Fora | Sla | constante | É |
| Embalagem | Sra | desligar | etiqueta | Porto |
| Srl | | | | |

b.  Números

Podem escrever-se duas formas de números no código VHDL: números inteiros e números reais. Um literal inteiro representa simplesmente um número inteiro e consiste em dígitos sem um ponto decimal. Os literais reais, por outro lado, podem representar números fraccionários. Incluem sempre um ponto decimal, que é precedido por pelo menos um dígito e seguido por pelo menos um dígito. Eis alguns exemplos de números inteiros decimais

23 0 146

Eis alguns exemplos de literais reais

23.10.0 3.14159

Os números inteiros e reais também podem utilizar a notação exponencial, na qual o número é seguido da letra "E" ou "e" e de um valor de expoente. O expoente indica a potência de 10 pela qual o número é multiplicado. Para os números inteiros, o expoente não pode ser negativo, enquanto que para os números reais, pode ser positivo ou negativo. Eis alguns exemplos de literais de números inteiros que utilizam a notação exponencial

46E5 1E+12 19e00

Eis alguns exemplos de literais reais que utilizam a notação exponencial

1.234E09 98.6E+21 34.0e-08

c.  Personagens :

Um carácter literal pode ser escrito no código VHDL colocando-o entre aspas simples. Qualquer carácter imprimível no conjunto de caracteres padrão (incluindo um carácter de espaço) pode ser escrito desta forma. Aqui estão alguns exemplos

'A'  --letra      maiúscula

'z'  -- letra      minúscula

','   -o carácter de pontuação vírgula

-- o carácter de pontuação único vírgula invertida

-- o carácter separador de espaço

d.  Cordas :

Uma cadeia de caracteres representa uma sequência de caracteres e é escrita colocando os caracteres entre aspas. A cadeia de caracteres pode conter qualquer número de caracteres (incluindo zero), mas deve caber inteiramente numa linha. Eis alguns exemplos

"Uma cadeia

♪"Podemos incluir quaisquer caracteres de impressão (por exemplo, &%@ *) numa cadeia de caracteres!!!"

"OOOO1111ZZZZ" "" - cadeia vazia
Se precisarmos de incluir um carácter entre aspas numa cadeia de caracteres, escrevemos dois
caracteres entre aspas em conjunto. O par é interpretado como um único carácter na cadeia de
caracteres. Por exemplo:
"Uma cadeia dentro de uma cadeia: "Uma cadeia". "
Se precisarmos de escrever uma cadeia de caracteres que não caiba numa linha, podemos
utilizar o operador de concatenação ("&") para juntar duas subcadeias. Por exemplo, o operador
de concatenação
"Se uma corrente não couber numa linha, "
então podemos dividi-lo em partes em linhas separadas".
e.    Bit Stirngs
A linguagem VHDL inclui valores que representam bits (dígitos binários), que podem ser "0" ou
"1". Um literal de cadeia de bits representa uma sequência destes valores binários. É
representado por uma cadeia de dígitos, rodeada por aspas duplas e precedida por um carácter
que especifica a base dos dígitos. O especificador de base pode ser um dos seguintes:
•    B de binário,
•    para octal (base 8) e
•    X para hexadecimal (base 16).
Por exemplo, algumas cadeias de bits literais especificadas em binário são as seguintes
B "0100011" B "10" b "1111_0010_0001" B " "
Note-se que podemos incluir caracteres underscore em literais de cadeia de bits para tornar o
literal mais legível. O especificador de base pode ser maiúsculo ou minúsculo. O último dos
exemplos acima mostra uma cadeia de bits vazia.
Se o especificador de base for octal, podem ser utilizados os dígitos "0" a "7". Cada dígito
representa exatamente três bits na sequência. Eis alguns exemplos
O "372" -- equivalente a B "011_lll_010
o "00" -- equivalente aB "000_000"
Se o especificador de base for hexadecimal, podem ser utilizados os dígitos "0" a "9" e "A" a "F"
ou "a" a "f" (representando 10 a 15). Em hexadecimal, cada dígito representa exatamente quatro
bits. Eis alguns exemplos
X "FA" -- equivalente aB "llll_1010
X "0d" -- equivalente a B "0000_1101".
3.    Lista de variáveis :
Neste tutorial, descrevemos regras de sintaxe usando uma notação baseada na forma estendida
de Backus-Naur (EBNF). A ideia por detrás da EBNF é dividir a linguagem em categorias
sintácticas. Para cada categoria sintáctica, escrevemos uma regra que descreve como construir
uma cláusula VHDL dessa categoria, combinando elementos lexicais e cláusulas de outras
categorias. Escrevemos uma regra com a categoria sintáctica que definimos na linha à esquerda
de um sinal (leia-se "é definida como"), e um padrão à direita. O tipo mais simples de padrão é
uma coleção de elementos em sequência, por exemplo :
atribuição_de_variáveis objetivo := expressão ;
Esta regra indica que uma cláusula VHDL da categoria "variable_assignment" é definida como
uma cláusula da categoria "target", seguida do símbolo seguido de uma cláusula da categoria
"expression", seguida do símbolo ".
O próximo tipo de regra a considerar é aquele que permite um componente opcional numa
cláusula. Indicamos a parte opcional colocando-a entre os símbolos "[" e "]". Por exemplo
nome da chamada da função [ ( associationjist) ]
Isto indica que uma chamada de função consiste num nome que pode ser seguido por uma lista
de associações entre parêntesis. Note-se a utilização de símbolos de contorno para escrever o

padrão na régua, por oposição aos símbolos sólidos normais que são elementos léxicos VHDL.

Em muitas regras, é necessário especificar que uma cláusula é opcional, mas que, se estiver presente, pode ser repetida tantas vezes quantas as necessárias. Por exemplo, nesta regra declaração_de_processo

**processo é**

{ process_declarative_item } **begin**

{Declaração sequencial} **fim do processo**

As chavetas especificam que um processo pode incluir zero ou mais elementos de processo declarativos e zero ou mais instruções sequenciais. Um caso comum nas regras VHDL é um modelo que consiste numa categoria seguida de zero ou mais repetições dessa categoria. Nesse caso, usamos pontos dentro das chaves para representar a categoria repetida, em vez de escrevê-la novamente por extenso. Aqui está um exemplo da regra:

case_statement **case** expression **is** case_statement_alternative **{ ... } end case ;**

Especifica que uma lista de identificadores é composta por um ou mais identificadores e que, se houver mais do que um, são separados por vírgulas. Note-se que os pontos representam sempre uma repetição da categoria que precede imediatamente o símbolo da chave esquerda. Portanto, na regra acima, é o identificador que é repetido, não a vírgula. Muitas regras de sintaxe permitem que uma categoria seja composta por um determinado número de alterações, especificadas com o símbolo 'I'. Por exemplo, a regra especifica que a categoria 'modo' pode ser formada a partir de uma cláusula composta por 1 'uma das palavras reservadas escolhidas entre as alternativas listadas.

modo **in I out I inout**

A notação final que utilizamos nas nossas regras de sintaxe é o agrupamento parentético, utilizando os símbolos e Estes símbolos são simplesmente utilizados para agrupar uma parte de um padrão, de modo a evitar qualquer ambiguidade que possa surgir. Por exemplo, a inclusão de teses parentéticas na regra torna claro que um fator pode ser seguido por um dos símbolos de operador e depois por outro fator

termo fator { ( * I / I mod I rem ) fator }

Esta notação EBNF é suficiente para descrever a gramática VHDL completa. No entanto, uma descrição VHDL está frequentemente sujeita a outras restrições relacionadas com o significado das construções utilizadas. Para expressar essas restrições, muitas regras incluem informações adicionais sobre o significado de uma caraterística da linguagem. Por exemplo, a regra acima, que descreve como é formada uma chamada de função, é completada da seguinte forma:

function_call nome_da_função [ ( lista_de_associação_de_parâmetros) ]

O prefixo em itálico numa categoria de sintaxe no modelo fornece simplesmente informação semântica. Esta regra indica que o nome não pode ser um nome qualquer, mas deve ser o nome de uma função. Da mesma forma, a lista de associações deve descrever os parâmetros fornecidos à função.

Neste tutorial, apresentaremos cada novo recurso VHDL descrevendo sua sintaxe usando regras EBNF e, em seguida, descreveremos o significado e o uso do recurso usando exemplos. Em muitos casos, começaremos com uma versão simplificada da sintaxe para facilitar a aprendizagem da descrição e voltaremos aos detalhes completos numa secção posterior.

4.   Constantes e variáveis :

As constantes e as variáveis são objectos nos quais os dados podem ser armazenados para utilização num modelo. A diferença entre os dois é que o valor de uma constante não pode ser modificado depois de ter sido criado, enquanto o valor de uma variável pode ser modificado tantas vezes quantas as necessárias, utilizando instruções de atribuição de variáveis.

As constantes e as variáveis devem ser declaradas antes de poderem ser utilizadas num modelo.

18

Uma declaração introduz simplesmente o nome do objeto, define o seu tipo e pode atribuir-lhe um valor inicial. A regra de sintaxe para declarar uma constante é a seguinte

declaração_de_constante

identificador **constante** { ,... } : SubtypeJndication := expressão ;

Eis alguns exemplos de declarações de constantes:

**constante** number_of_bytes : integer := 4;

**constante** number_of_bits : integer :=8* number_of_bytes;

**constante** e : real := 2.718281828;

**constante** prop_delay : tempo := 3 ns;

**constante** SizeJimit, CountJimit : integer := 255;

A forma de uma declaração de variável é semelhante à de uma declaração de constante. A regra de sintaxe é a seguinte:

variável_de_declaração

identificador de **variável** { ,... } : SubtypeJndication [ := expressão ] ;

A expressão de inicialização é opcional; se a omitirmos, o valor inicial predefinido atribuído à variável quando esta é criada depende do tipo. Para tipos escalares, o valor inicial predefinido é o valor mais à esquerda do tipo. Por exemplo, para números inteiros, este é o menor número inteiro representável. Eis alguns exemplos de declarações de variáveis

índice **variável** : número inteiro := 0;

**variável** soma, média, maior : real;

**variável** início, fim : tempo :=0ns;

As declarações de constantes e variáveis podem aparecer em vários locais num modelo VHDL, incluindo nas partes de declaração do processo. Neste caso, o objeto declarado só pode ser utilizado dentro do processo. Uma das restrições sobre a localização de uma declaração de variável é que ela não pode ser colocada de forma que a variável seja acessível a mais de um processo. Isso evita os efeitos estranhos que poderiam ocorrer se os processos modificassem a variável em uma ordem indeterminada. Depois de uma variável ter sido declarada, o seu valor pode ser modificado por uma instrução de atribuição. A sintaxe de uma instrução de atribuição de variável é dada pela seguinte regra

designação_de_variáveis nome := expressão ;

O nome numa instrução de atribuição de variável identifica a variável a ser modificada, e a expressão é avaliada para produzir o novo valor. O tipo desse valor deve corresponder ao tipo da variável. Aqui estão alguns exemplos de instruções de atribuição:

contador_de_programas := 0;

índice := índice + 1;

A primeira atribuição define o valor da variável program_counter como zero, substituindo qualquer valor anterior. O segundo exemplo incrementa o valor do índice em um.

5. Conclusão

Neste capítulo, definimos algumas constantes e variáveis que são utilizadas em VHDL. No próximo capítulo, apresentaremos alguns exercícios de VHDL.

# CAPÍTULO 4

# Construções e funcionalidades básicas em VHDL

1. Introdução :

Depois de descrever as subtilezas da linguagem VHDL, passamos à construção da linguagem VHDL, apresentando os processos, as arquitecturas, etc. Neste capítulo, descreveremos a entidade, as arquitecturas e as várias funções utilizadas na linguagem VHDL. Neste capítulo, vamos descrever a entidade, as arquitecturas e as várias funções utilizadas na linguagem VHDL.

2. Declaração de uma entidade :

Primeiro, vamos ver as regras de sintaxe para uma declaração de entidade e depois mostrar alguns exemplos. As regras de sintaxe são as seguintes:

entity_declaration <=
identificador de **entidade é**
[ **port** { / ?ort_interfacejist ) ; ]
**fim** [ **entidade** [ identificar ] :
InterfaceJist <=
i identificar {,...JJ modo ] SubtipoJndicação
modo <= **in I out I inout**

O identificador numa declaração de entidade nomeia o módulo para que possa ser referido mais tarde. Se o identificador for incluído no final da declaração, ele deve repetir o nome da entidade.

A cláusula port nomeia cada uma das portas que, juntas, formam a interface da entidade.

Podemos pensar nos ports como análogos aos pinos de um circuito; eles são os meios pelos quais a informação é introduzida e extraída do circuito.

Em VHDL, cada porta de uma entidade tem um tipo, que especifica o tipo de informação que pode ser comunicada, e um modo, que especifica se a informação entra ou sai da entidade através da porta. Eis um exemplo simples de uma declaração de entidade

O somador de **entidades é**

**porto** {a,b: **em** bit;

sum : **out** stdJogic_vector{ldowntoO) );

somador de **entidades finais**;

Este exemplo descreve uma entidade chamada somador, com duas portas de entrada de bits e uma porta de saída de vetor de dois bits (do bit mais significativo para o menos significativo (stdJogic_vector{ldowntoOJ).

Podemos listar os portos em qualquer ordem; não precisamos de colocar os inputs antes dos outputs.

Neste exemplo, temos portas de entrada e saída. Também podemos ter portas bidirecionais, com modo **inout,** para modelar dispositivos que alternadamente detectam e conduzem dados através de um pino. Esses modelos precisam levar em conta a possibilidade de que mais de um dispositivo conectado esteja acionando um determinado sinal ao mesmo tempo. VHDL fornece um mecanismo para isso, chamado *resolução de sinal.*

Note-se que a cláusula port é opcional. Podemos, portanto, escrever uma declaração de entidade que descreve um módulo completamente autónomo. Como o nome deste exemplo sugere, este tipo de módulo geralmente representa o nível superior de uma hierarquia de projeto.

**a entidade** topjevel **é a entidade final** topjevel;

Descrevemos a entidade que representa o cabeçalho da nossa função VHDL. Esta entidade inclui as entradas e saídas de cada pedaço de código escrito. Nesta secção, apresentaremos a arquitetura. A arquitetura representa o funcionamento intrínseco de cada bloco implementado.

3. Organismos de arquitetura :

O funcionamento interno de um módulo é descrito por um corpo de arquitetura. Um corpo de arquitetura aplica geralmente certas operações aos valores das portas de entrada, gerando valores a atribuir às portas de saída.

As operações podem ser descritas quer por processos, que contêm instruções sequenciais que operam sobre valores, quer por um conjunto de componentes que representam sub-circuitos. Quando a operação requer a geração de valores intermédios, estes podem ser descritos através de sinais, análogos aos threads internos de um módulo. A regra de sintaxe para corpos de arquitetura é descrita pelo seguinte código:

corpo_da_arquitectura <=■

identificador de **arquitetura de** ew/7(y_name **is**

{ block_declarative_item }

**começar**

{Declaração do concorrente}

**fim [ arquitetura** ] [ identificar ] ;

O identificador nomeia este corpo de arquitetura específico e o nome da entidade especifica o módulo cujo funcionamento é descrito por este corpo de arquitetura. Se o identificador for incluído no final do corpo de arquitetura, deve repetir o nome do corpo de arquitetura.

Pode haver vários corpos de arquitetura diferentes correspondentes a uma única entidade, cada um descrevendo uma forma diferente de implementar a operação do módulo. Os elementos do bloco declarativo de um corpo de arquitetura são as declarações necessárias para implementar as operações. Estes elementos podem incluir declarações de tipos e constantes, declarações de sinais e outros tipos de declarações que analisaremos em capítulos posteriores.

As declarações simultâneas de um corpo de arquitetura descrevem o funcionamento do módulo. Uma forma de declaração simultânea, que já vimos, é a declaração de processo. Começámos por analisar os processos porque são a forma mais básica de declaração simultânea. Todas as outras formas podem ser reduzidas a um ou mais processos. As instruções simultâneas são assim chamadas porque, concetualmente, podem ser activadas e executar as suas acções em conjunto, ou seja, simultaneamente. Pelo contrário, as instruções sequenciais num processo são executadas uma após a outra. A simultaneidade é útil para modelar o comportamento de circuitos reais.

Quando precisamos de fornecer sinais internos no corpo de uma arquitetura, precisamos de os definir utilizando declarações de sinais. A sintaxe de uma declaração de sinal é muito semelhante à de uma declaração de variável:

Esta declaração simplesmente nomeia cada sinal, especifica o seu tipo e inclui

SignaLdeclaration <=

identificador de **sinal**    subtipo_indicação [ := expressão ] ;

possivelmente um valor inicial para todos os sinais declarados na declaração.

Um ponto importante que mencionámos anteriormente é que os portos da entidade também são visíveis para os processos no interior do corpo da arquitetura e são utilizados da mesma forma que os sinais. Isso corresponde à nossa visão das portas como pinos externos em um circuito: do ponto de vista interno, um pino é apenas um fio com uma conexão externa. Por conseguinte, faz sentido que a VHDL trate os portos como sinais dentro de uma arquitetura de entidade.

4.  Descrição comportamental:

No nível mais básico, o comportamento de um módulo é descrito por instruções de atribuição de sinais dentro de processos. Podemos pensar em um processo como a unidade básica de descrição de comportamento. Um processo é executado em resposta a alterações nos valores dos sinais e utiliza os valores actuais dos sinais que recebe para determinar novos valores para outros sinais.

A atribuição de um sinal é uma instrução seqüencial e, portanto, só pode ocorrer dentro de um processo. Nesta secção, analisamos em detalhe a interação entre sinais e processos.

a.  Atribuição de sinais

Em todos os exemplos que vimos até agora, nós usamos uma forma simples de declaração de atribuição de sinal. Cada atribuição simplesmente fornece um novo valor para um sinal. O que nós ainda não abordamos é a questão do tempo: quando é que o sinal assume o seu novo valor? Esta questão é fundamental para a modelação de hardware, em que os eventos ocorrem ao longo do tempo. Vamos ver primeiro a sintaxe de uma instrução básica de atribuição de sinal num processo:

```
signal_assignment_statement <=
name <. ( ^expresslθn | >fter ^expression ] ) ( . ) ;
```

A regra de sintaxe diz-nos que podemos especificar uma ou mais expressões, cada uma com um atraso opcional. São estes atrasos numa atribuição de sinal que nos permitem especificar quando o novo valor deve ser aplicado. Tomemos como exemplo a seguinte atribuição:

**y <= not** or_a_b **after** 5 ns;

Isto especifica que o sinal y deve assumir o novo valor num tempo 5 ns mais tarde do que aquele em que a instrução é executada. Assim, se a atribuição acima for executada no tempo 250 ns e or_a_b tiver o valor "1" nesse momento, o sinal y assumirá o valor "0" no tempo 255 ns. Note-se que a própria instrução é executada num tempo considerado zero.

A dimensão temporal referida quando o modelo é executado é o tempo de simulação, ou seja, o tempo durante o qual se espera que o circuito modelado funcione. Medimos o tempo de simulação começando em zero no início da execução e aumentando em passos discretos à medida que os eventos ocorrem no modelo. Um simulador deve ter um relógio de tempo de simulação e, quando uma instrução de atribuição de sinal é executada, o atraso especificado é adicionado ao tempo de simulação atual para determinar quando o novo valor deve ser aplicado ao sinal. Dizemos que a atribuição de sinal agenda uma transação para o sinal, onde a transação consiste no novo valor e no tempo de simulação em que este deve ser aplicado. Quando o tempo de simulação avança para o momento em que uma transação é agendada, o sinal é atualizado com o novo valor. Dizemos que o sinal está *ativo* durante este ciclo de simulação. Se o novo valor não for igual ao valor antigo que substitui num sinal, dizemos que ocorre um *evento* no sinal. A importância desta distinção reside no facto de os processos reagirem a eventos em sinais, não em transacções.

As regras de sintaxe para atribuições de sinais mostram que podemos programar um número de transações para um sinal, a ser aplicado após diferentes atrasos. Por exemplo, um processo de driver de relógio pode executar a seguinte atribuição para gerar as próximas duas bordas de um sinal de relógio (assumindo que T_pw é uma constante que representa a largura de pulso do relógio)

Λ<=·1· após T_pw, 0' após 2*T_pw;

Se esta instrução for executada no tempo de simulação 50 ns e T_pw for 10 ns, uma transação é programada no tempo 60 ns para colocar o clk em '1', e uma segunda transação é programada no tempo 70 ns para colocar o clk em '0'. Se assumirmos que o clk está definido para '0' quando a atribuição é executada, ambas as transacções produzem eventos no clk.

Vamos tentar configurar um processo que modele um multiplexador de duas entradas. O valor da porta sel é utilizado para selecionar a atribuição de sinal a ser executada para determinar o valor de saída.

```
mux : o processo (a, b, sel) é
começar
case sel is
quando '0' =>
```

z <= a após prop_delay;
quando '1' =>
z <= b após prop_delay;
caso final;
fim do processo mux;
Diz-se que um processo define um driver para um sinal se e somente se ele contém pelo menos uma instrução de atribuição de sinal para aquele sinal. Se um processo contém instruções de atribuição de sinal para vários sinais, ele define drivers para cada um desses sinais. Um driver é uma fonte para um sinal no sentido de que ele fornece valores a serem aplicados ao sinal. Uma regra importante a ser lembrada é que para sinais normais, só pode haver uma fonte. Isto significa que não podemos escrever dois processos diferentes, cada um contendo estados de atribuição de sinal para o mesmo sinal. Se quisermos modelar coisas como barramentos ou sinais com fio, temos que usar um tipo especial de sinal chamado sinal resolvido, sobre o qual falaremos mais tarde.

b.    Atributos do sinal :

VHDL fornece um número de atributos para sinais para encontrar informações sobre sua transação e histórico de eventos. Dado um sinal S e um valor T do tipo time, VHDL define os seguintes atributos:

S'delayed(T)      Um sinal que toma os mesmos valores que S mas é atrasado por um tempo T
S'eventTrue       se houver um evento em S no ciclo de simulação atual, false caso contrário      .
S'last_event Intervalo de tempo decorrido desde o último evento em S S'last_value Valor de S imediatamente antes do último evento em S.

Estes atributos são frequentemente utilizados para verificar o comportamento temporal de um modelo. Por exemplo, podemos verificar que um sinal com um tempo mínimo de configuração de Tsu antes de uma borda ascendente num relógio clk do tipo std_ulogic da seguinte forma:

se clk'event e (clk = '1' ou clk = 'H')
..e (clk'last value = '0' ou clk'last value = 'L') do que
assert d'last_event >= Tsu
reportar "Erro de temporização: d alterado dentro do tempo de configuração do clk"; fim se;
Considere o seguinte código VHDL. Vamos tentar perceber para que é que ele é utilizado.

A entidade edge_triggered_Dff é
port ( D : in bit; clk : in bit; clr : in bit;
Q : out bit );
end entidade edge_triggered_Dff;
A arquitetura comportamental de edge_triggered_Dff é
começar
state_change : processo (clk, clr) is begin
se clr = 'I' então
Q <= 'O' após 2 ns;
elsif clk'event and clk = 'I' then
Q <= D após 2 ns;
fim se;
mudança de estado do processo final;
arquitetura final comportamental;
Podemos testar a borda ascendente de um sinal de clock para modelar um flip-flop acionado por borda. O latch carrega o valor da sua entrada D numa borda ascendente do clk, mas limpa as saídas de forma assíncrona sempre que clr é '1'. A declaração da entidade e um corpo de arquitetura comportamental são ilustrados pelo código anterior, que se segue.

c.    A instrução de espera :

Agora que já vimos como alterar os valores dos sinais ao longo do tempo, o próximo passo na modelação comportamental é especificar quando os processos reagem às alterações nos valores dos sinais. Para fazer isso, usamos instruções de espera. Uma instrução de espera é uma instrução sequencial com a seguinte regra de sintaxe Wait-Statement <=

**esperar I no** *sinal~nome*

**até** *boolea*".expressão para ", "expressão ] ;

O objetivo da instrução wait é fazer com que o processo que executa o relatório suspenda a execução. A cláusula *de sensibilidade,* a cláusula de *condição* e a cláusula de *atraso* especificam quando o processo deve retomar a execução. Podemos incluir qualquer combinação destas cláusulas ou omitir as três. Vamos analisar cada cláusula e descrever o que ela especifica.

A cláusula de sensibilidade, que começa com a palavra **on,** permite-nos especificar uma lista de sinais aos quais o processo responde. Se simplesmente incluirmos uma cláusula de sensibilidade em uma instrução wait, o processo será retomado sempre que um dos sinais listados mudar de valor, ou seja, sempre que um evento ocorrer em um dos sinais. .Este tipo de declaração de espera é útil num processo que modela um bloco lógico combinatório, uma vez que qualquer alteração nas entradas pode resultar em novos valores de saída; por exemplo: **half add : o**

**processo é**

**lcomeçar**

**soma <= a xor b após T_pd;**

**transporte <= a e b após T_pd;**

**esperar em a, b;**

**fim do processo half.add:**

Esta forma de processo é tão comum na modelação de sistemas digitais que a VHDL fornece a notação abreviada que vimos em muitos exemplos nos capítulos anteriores. Um processo com uma lista de sensibilidade no seu cabeçalho é exatamente equivalente a um processo com uma instrução de espera no final, contendo uma cláusula de sensibilidade que nomeia os sinais na lista de sensibilidade. Assim, o processo half_add acima poderia ser reescrito como mostrado no código a seguir:

**metade_add : processo (a, b) é**

**lcomeçar**

**soma <= a xor b após T_pd;**

**transporte <= a e b após T_pd;**

**fim do processo half.add;**

A cláusula condicional de uma instrução wait, que começa com a palavra **until, é** usada para especificar uma condição que deve ser verdadeira para que o processo seja retomado. Por exemplo, a instrução wait faz com que o processo em execução seja suspenso até que o valor do sinal clk mude para "1". **wait until** clk = 'T;

A expressão de condição é testada enquanto o processo está suspenso para determinar se deve ser retomado. Se a instrução **wait** não contiver uma cláusula de sensibilidade, a condição é testada sempre que ocorre um evento num dos sinais mencionados na condição.

esperar que Clkuntilreset = O':

Se uma instrução de espera incluir uma cláusula de sensibilidade e uma cláusula de condição, a condição só será testada quando ocorrer um evento em um dos sinais na cláusula de sensibilidade. Por exemplo, se um processo for suspenso na próxima instrução de espera. A condição é testada cada vez que o valor de clk muda, independentemente de qualquer mudança na reinicialização.

A cláusula timeout em uma instrução wait, começando com a palavra for, permite especificar um intervalo de tempo máximo de simulação durante o qual o processo deve ser suspenso. Se também incluirmos uma cláusula de sensibilidade ou condição, essas cláusulas podem fazer com que o processo seja retomado mais cedo. Por exemplo, a instrução wait faz com que o processo em execução seja suspenso até que o acionador assuma o valor "1" ou até que 1ms de tempo de simulação tenha decorrido, o que ocorrer primeiro. Se simplesmente incluirmos uma cláusula de tempo limite em uma instrução wait, o processo será suspenso pelo tempo especificado.

**wait until trigger = '1' for 1 ms;**

d.   Declaração de um processo :

Utilizámos extensivamente os processos nos exemplos deste capítulo e dos anteriores, pelo que já vimos a maior parte dos pormenores da sua escrita e utilização. Para resumir, vejamos agora a sintaxe formal de uma declaração de processo e de uma operação de revisão de processo. O conteúdo de um processo caracteriza-se pela utilização de instruções sequenciais. De facto, tal como numa arquitetura em que as instruções são executadas em paralelo, num processo as instruções são executadas sequencialmente.

A regra de sintaxe utilizada num processo estia é a seguinte: process_statement <=

'process_label : **processo [ (** *nome_do_sinal* **{,...})][ is**

{ process_declarative_item }

**começar**

{ Sequential-Statement }

pros**fim do processo** [ ∞ Jabd ] :

Os elementos declarativos de uma instrução de processo podem incluir declarações de constantes, tipos e variáveis, bem como outras declarações que discutiremos mais tarde. As instruções sequenciais que formam o corpo do processo podem incluir todas as que introduzimos anteriormente, bem como instruções de atribuição de sinais e de espera. Quando um processo é ativado durante a simulação, começa a ser executado a partir da primeira instrução sequencial e continua até chegar à última. Depois começa novamente a partir da primeira. Isto seria um ciclo infinito, sem qualquer progresso na simulação, se não existissem instruções de espera, que suspendem a execução do processo até que ocorra um evento importante. As instruções de espera são as únicas instruções cuja execução requer um tempo de simulação superior a zero. Só com a execução das instruções de espera é que o tempo de simulação aumenta.

Um processo pode incluir uma lista de sensibilidade entre parêntesis após a palavra-chave **processo.** A lista de sensibilidade identifica um conjunto de sinais que o processo monitoriza para eventos. Se a lista de sensibilidade for omitida, o processo deve incluir uma ou mais instruções de espera. Por outro lado, se a lista de sensibilidade for incluída, o corpo do processo não pode conter nenhuma instrução de espera. Em vez disso, há uma instrução de espera implícita, logo antes das palavras-chave **end process,** que inclui os sinais listados na lista de sensibilidade como sinais em uma cláusula **on.**

e.   Declarações de atribuição de sinais condicionais

A instrução de atribuição de sinal condicional é uma instrução simultânea que fornece uma abreviação para um processo que contém uma coleção de atribuições de sinal ordinárias em uma instrução if. A regra de sintaxe é a seguinte:

atribuição_de_sinal_condicional <=

θθrcsname <= { waveform **when** *boolean-expression* **else** } waveform | **when** ⅛ ⅛^exp s∞n | ;

A atribuição condicional de sinal permite-nos especificar qual de um número de formas de onda deve ser atribuída a um sinal, dependendo dos valores de certas condições. Por exemplo, a seguinte declaração é uma descrição funcional de um multiplexador, com quatro entradas de dados (dO, dl, d2 e d3), duas entradas de seleção (selO e sell) e uma saída de dados (z). Todos estes sinais são sinais de bits.

z <=dθ **quando** vender      = '0'    **e**     selθ = '0'     **senão**

d1 **quando** vender   = '0'    **e**     selθ = '1'     **senão**

d2 **quando** vender   ,= 1'    **e**     selθ = '0'     **senão**

d3 **quando** vender   = T    **e**     selθ = ''1 ;

f.    Declarações de atribuição para sinais selecionados

A instrução de atribuição de sinal selecionado é semelhante em muitos aspectos à instrução de atribuição de sinal condicional. Ela é uma abreviação para um processo que contém um número de atribuições de sinais ordinários dentro de uma instrução case. A regra de sintaxe é

selected_sîgnal_assignment <≠ **com a** expressão **select**

name <= { forma de onda **quando** escolhas , ; forma de onda **quando** escolhas ;

Esta instrução permite-nos escolher entre um certo número de formas de onda para associar a um sinal, dependendo do valor de uma expressão. Aqui está um exemplo:

com alu_function select

```
with alu_function select
    result <=    a + b after Tpd       when alu_add | alu_add_unsigned,
                 a – b after Tpd       when alu_sub | alu_sub_unsigned,
                 a and b after Tpd     when alu_and,
                 a or b after Tpd      when alu_or,
                 a after Tpd           when alu_pass_a;
```

Uma instrução de atribuição de sinal selecionado é sensível a todos os sinais na expressão do seletor e nas expressões à direita da seta de atribuição. Isto significa que a atribuição de sinal selecionado acima é sensível a alu_function, a e b.

5.    Descrição estrutural:

A descrição estrutural de um sistema é expressa em termos de subsistemas interligados por sinais. Cada subsistema pode, por sua vez, ser composto por uma interconexão de subsistemas, e assim por diante, até chegarmos a um nível composto por elementos primitivos, descritos apenas em termos de comportamento. Deste modo, o sistema de nível superior pode ser visto como tendo uma estrutura hierárquica. Nesta secção, veremos como escrever corpos de arquitetura estrutural para exprimir esta organização hierárquica.

Vimos anteriormente neste capítulo que as declarações simultâneas de um corpo de arquitetura descrevem uma implementação de uma interface de entidade. Para escrever uma implementação estrutural, precisamos usar uma declaração simultânea chamada declaração de *instanciação de componente*, cuja forma mais simples é regida pela seguinte regra de sintaxe.

component_instantiation_statenient <=

*instanciaçãoti-abti*

ientidade ez/iïfy_name ( architec⅛zz -identifier ) **mapa de portos** ( port_association_list ) ;

Esta forma de declaração de instanciação de componentes executa a Tinstanciação direta de uma entidade. Podemos pensar na instanciação de componentes como a criação de uma cópia da entidade nomeada, com o corpo da arquitetura correspondente substituído pela instância do componente.

O mapa de portas especifica que portas da entidade estão ligadas a que sinais no corpo da arquitetura que a rodeia. A regra de sintaxe simplificada para uma lista de associação de portas é a seguinte

'lista_de_associação_de_portas <=

ₖ( [port-name => | ⅛ ⅛name ){....}

Cada elemento da lista de associação associa uma porta da entidade a um sinal do corpo da arquitetura envolvente. Vejamos alguns exemplos para ilustrar as declarações de instanciação de componentes e a associação de portos a sinais. Suponhamos que temos uma entidade declarada como o seguinte controlador de DRAM: entidade DRAM-Controller é

port ( rd, wr, mem : in bit;

ras, cas, we, ready : out bit );

entidade final DRAM-Controller;

Uma arquitetura correspondente chamada fpld. Podemos criar uma instância desta entidade da seguinte forma:

main_mem_controller : entidade work.DRAM_controller(fpld)

mapa de portas ( cpu_rd, cpu_wr, cpu_mem,

mem_ras, mem_cas mem_we, cpu_rdy );

Neste exemplo, o nome work refere-se à biblioteca de trabalho atual, na qual as entidades e os corpos de arquitetura estão armazenados. Voltaremos às bibliotecas na próxima secção. O mapa de portas neste exemplo lista os sinais no corpo arquitetônico circundante aos quais as portas na cópia da entidade estão conectadas. A associação posicional é usada: cada sinal listado no mapa de portas é conectado à porta localizada na mesma posição na declaração da entidade. Assim, o sinal cpu_rd é conectado à porta rd, o sinal cpu_wr é conectado à porta wr, e assim por diante.

6.  Conclusão:

Neste capítulo, descrevemos a forma como as entidades e as arquitecturas são declaradas. Em seguida, apresentámos a descrição comportamental e todas as suas subtilezas. Por fim, concluímos com a descrição estrutural.

# CAPÍTULO 5

## Exercícios de VHDL corrigidos

1. Introdução :

Depois de descrever as subtilezas da linguagem VHDL, passamos à construção VHDL, apresentando processos, arquitecturas, etc. Neste capítulo, apresentamos uma série de exercícios VHDL corrigidos. Neste capítulo, propomos uma série de exercícios de VHDL corrigidos.

2. Registo de flip-flop [10]:

a. Escalas [registos]

Os flip-flops, também conhecidos como registos, são inferidos em VHDL através de instruções wait e if num processo que utiliza uma expressão de deteção de borda ascendente ou descendente, de borda ascendente ou descendente. Podem ser utilizados dois tipos de expressão: um "atributo de evento" ou uma "chamada de função". Por exemplo :

[evento clk'e clk='l'] - atributo de evento de borda ascendente

[clk'event et clk='0'] -atributo do evento 'borda de descida rising_edge[clock] -chamada de função de borda de subida falling_edge[clock] -chamada de função de borda de descida

Os exemplos deste guia utilizam expressões de atributo de evento de borda ascendente, mas podem ser utilizadas expressões de borda descendente. A expressão de atributo de evento é utilizada porque algumas ferramentas de síntese VHDL não reconhecem expressões de chamada de função.

No entanto, a utilização de uma expressão de chamada de função é preferível para a simulação, uma vez que uma chamada de função apenas detecta uma transição de extremidade [0 para loul para 1].

[0 para 1 ou 1 para 0], mas não uma transição de X para 1 ou de 0 para X, que pode não ser uma transição válida. Isto é particularmente verdade quando se utiliza um tipo de dados multivalorado como o StdJogic, que tem nove valores possíveis [U, X, 0,1, Z, W, L, H, -].

Esta secção descreve e dá exemplos de diferentes tipos de flip-flop. Consulte "Registos" na página 63 para obter informações sobre a utilização de registos específicos.

b. Balancim de borda ascendente

Os exemplos seguintes mostram um flip-flop D sem reset ou preset assíncrono ou síncrono. Este flip-flop é uma célula sequencial. A figura 10 mostra o flip-flop de borda ascendente.

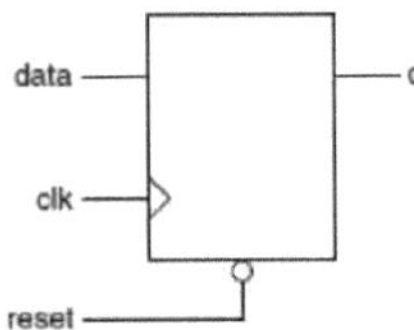


Figura 10 Balancim com borda ascendente

O código VHDL que o representa é o seguinte: **biblioteca** IEEE;

**utilizar** IEEE.std_logic_1164.all;

**A entidade** dff_async_rst **é**

**port** (data, elk, reset : **in** StdJogic;

q : **out** StdJogic);

**end** dff_async_rst;

o comportamento **da arquitetura de** dff_async_rst **é**

**começar**

**processo** (elk, reset) **begin**

**se** (reset = "0") **então**

q <= '0';

**elsif** (clk'evente elk = '1') **then**

q <= dados;

**fim se;**

**processo final;**

comportamento **final**;

c.   Flip-flop de borda ascendente com reset assíncrono e preset

Vamos tentar modificar o nosso flip-flop adicionando um reset, por um lado, e um preset assíncrono, por outro. A figura 11 mostra este flip-flop melhorado.

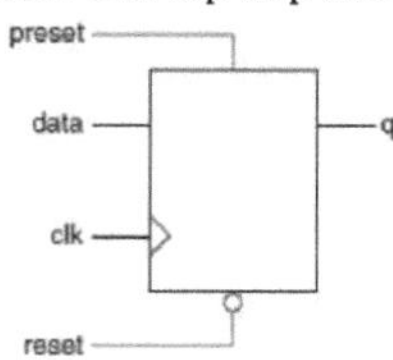


Figura 11 Flip-flop de borda ascendente com reset assíncrono e preset

O código VHDL que o representa é o seguinte:

**Biblioteca** do IEEE;

**utilizar** IEEE.std_logic_1164.all;

**A entidade** dff_async **é**

**port** (data, elk, reset, preset : **in** StdJogic;

q : **out** StdJogic);

**end** dff_async;

o comportamento **da arquitetura do** dff_async **é**

**começar**

**processo** (elk, reset, preset) **begin**

**se** (reset = "0") **então**

q <= '0';

**elsif** (preset = "1") **then**

V : ? '

**elsif** (evento elk **e** elk = 1) **then**

q <= dados;

**fim se;**

**processo final;**

comportamento **final**;

3. Codificadores prioritários que utilizam a instrução If-Then-Else

Uma instrução if-then-else é utilizada para executar condicionalmente instruções sequenciais com base num valor. Cada condição na instrução é verificada por ordem em relação a esse valor até ser encontrada uma condição verdadeira. As instruções associadas são então executadas e o resto da instrução é ignorado. As instruções if-then-else devem ser utilizadas para dar prioridade a um sinal que chega tarde. Nos exemplos seguintes, ilustrados na Figura 12.

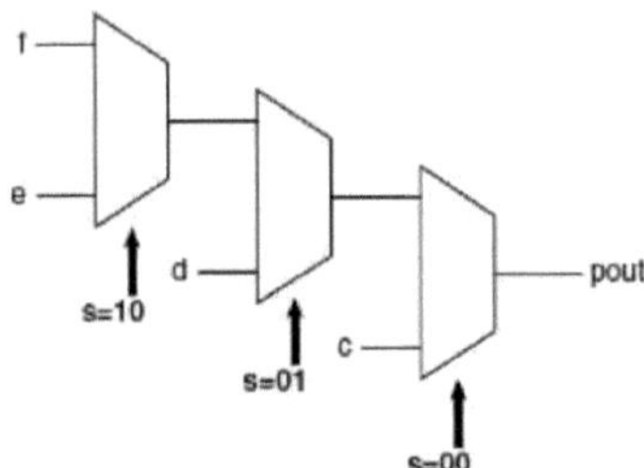


Figura 12 Codificador de prioridade

O código VHDL que o representa é o seguinte:

**Biblioteca** do IEEE;

**utilizar** IEEE.std_logic_1164.all;

**a entidade** meu_se **é**

**port** (c, d, e, f: **in** StdJogic;

s : **em** std_logic_vector(l **downto** Oj;

pout : **out** StdJogic];

**fim** meu_se;

**a arquitetura** meu_arco **de** meu_se **é**

**começar**

myif_pro: **processo** (s, c, d, e, f) **begin**

**se** s = "OO "**então**

pout <= c;

**elsif** s = "01" **then**

pout <= d;

**elsif** s = "10" **then**

pout <= e;

**else** pout <= f;

**fim se;**

**fim do processo** myif_pro;

**fim** meu_arco;

4. Multiplexadores :

Uma instrução de caso envolve codificação paralela. Utilize uma instrução case para selecionar uma de uma sequência de instruções alternativas com base no valor de uma condição, com base no valor de uma condição. A condição é verificada em relação a cada escolha na instrução case até ser encontrada uma correspondência. As instruções associadas à escolha correspondente são então 35

executada. A instrução case tem de incluir todos os valores possíveis para uma condição ou incluir uma opção predefinida a ser executada se nenhuma das opções corresponder. Os exemplos seguintes inferem multiplexadores utilizando uma instrução case.
As ferramentas de síntese VHDL assumem automaticamente o funcionamento paralelo sem prioridade nas instruções case.
A figura 13 mostra um multiplexador.

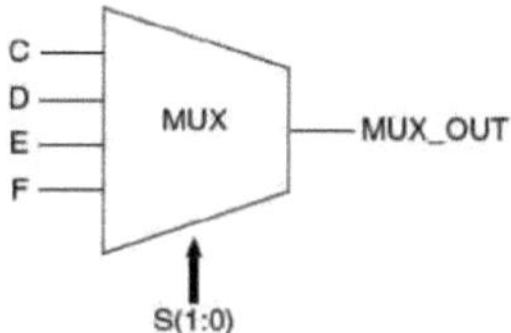


Figura 13 Codificador de prioridade

O código VHDL que o representa é o seguinte:
Multiplexador --4:1
**Biblioteca** do IEEE;
**utilizar** IEEE.std_logic_1164.all;
**entidade** mux **é**
**porta** (C, D,E,F: **em** StdJogic;
S **:in** std_logic_vector(l **downto** O);
mux_out : **out** StdJogic);
**fim do** mux;
**a arquitetura** my_mux **de** mux **é**
**começar**
muxl: **processo** (S, C, D, E, F) **begin**
**caso** s **é**
**quando** "00" => muxout <= C;
**quando** "01" => muxout <= D;
**quando** "10" => muxout <= E;
**quando outros =>** muxout <= F;
**caso final;**
**fim do processo** muxl;
**fim** meu_mux;
5.    Contadores :
Contadores Contam o número de ocorrências de um evento, aleatoriamente ou em intervalos uniformes. É possível inferir um contador no seu projeto. No entanto, a maioria das ferramentas de síntese não consegue inferir implementações óptimas de contadores com mais de 8 bits.
a.    Contador ascendente de 8 bits com habilitação de contagem e reinicialização assíncrona O exemplo seguinte deriva um contador ascendente de 8 bits com habilitação de contagem e reinicialização assíncrona.
**Biblioteca** do IEEE;
**utilizar** IEEE.std_logic_1164.all;
**utilizar** IEEE.std_logic_unsigned.all;
**utilizar** IEEE.std_logic_arith.all;
**entidade** counter8 **é**

**port** (elk, en, rst : **in** StdJogic;
count : **out** std_logic_vector (7 **downto** 0));
**fim do** contador8;
O comportamento **arquitetónico dos** contadores **é**
**signal** ent: std_logic_vector (7 **downto** O);
**começar**
**processo** (elk, en, ent, rst)
**começar**
**se** (rst ='0') **então**
ent <= **(outros =>** '0');
**elsif** (clk'event **and** elk = '1') **then**
**se** (en = "1") **então**
ent <= ent + '1';
**fim se;**
**processo final;**
contagem <= ent;
comportamento **final;**
b.    Contador ascendente de 8 bits com carga e reset assíncronos
O seguinte código VHDL descreve um contador ascendente de 8 bits com carga e reset assíncronos.
**Biblioteca** do IEEE;
**utilizar** IEEE.std_logic_1164.all;
**utilizar** IEEE.std_logic_unsigned.all;
**utilizar** IEEE.std_logic_arith.all;
contador de **entidades é**
**port** (elk, reset, load: **em** StdJogic;
data: **em** std_logic_vector (7 **downto** O);
count: **out** StdJogiC-Veetor (7 **downto** 0));
contador **final;**
o comportamento **arquitetónico do** contador **é**
**sinal** count-i : std_logic_vector (7 **downto** O);
**começar**
**processo** (elk, reset)
**começar**
**se** (reset = "0") **então**
count-i <= **(others =>** '0');
**elsif** (clk'event **and** elk = '1') **then**
**se** load = "1" **então**
count_i <= dados;
**senão**
count_i <= count_i + '1';
**fim se;**
**fim se;**
**processo final;**
contagem <= contagemj;

comportar-se **no fim**;

c.    Contador ascendente de N bits com carga, ativação de contagem e reset assíncrono

O código VHDL seguinte representa este código VHDL.

**Biblioteca** do IEEE;

**utilizar** IEEE.std_logic_1164.all;

**utilizar** IEEE.std_logic_unsigned.all;

**utilizar** IEEE.std_logic_arith.all;

contador de **entidades é**

**genérico** (largura : número inteiro := *n);*

**port** (data : **in** std_logic_vector (width-1 **downto** O);

load, en, elk, rst : **in** StdJogic;

q : **out** std_logic_vector (width-1 **downto** 0));

contador **final**;

o comportamento **arquitetónico do** contador **é**

contagem **de sinais**: std_logic_vector (largura-1 **até** O);

**começar**

**process(clk,** rst)

**começar**

**se** rst = "1" **então**

count <= **(others =>** '0'};

**elsif** (clk'evente elk = '1') **then**

**se** load = "1" **então**

contagem <= dados;

**elsif** en = "l" **then**

contagem <= contagem + '1';

**fim se;**

**fim se;**

**processo final;**

q <= contagem;

comportar-se **no fim**;

6.    Máquina de estados finitos :

Uma máquina de estados finitos (FSM) é um tipo de circuito sequencial concebido para passar por padrões específicos de estados finitos de uma forma sequencial pré-determinada. Existem dois tipos de FSM, Mealy [11] e Moore [12].

O FSM de Moore tem saídas que são apenas uma função do estado atual. O FSM de Mealy tem saídas que são uma função do estado atual e das entradas primárias. Um FSM é composto por 3 partes:

i.    Registo sequencial do estado atual :

O registo, um conjunto de flip-flops de n bits (flip-flops de vetor de estado) com um único sinal de relógio, é utilizado para manter o vetor de estado (estado atual ou simplesmente estado atual). O registo, um conjunto de flip-flops de n bits (flip-flops de vetor de estado) com um único sinal de relógio, é utilizado para guardar o vetor de estado (estado atual ou simplesmente estado) do FSM. [n]Um vetor de estado com n bits de comprimento tem 2 possibilidades, conhecidas como codificação de estado.

[n]Muitas vezes, nem todas as 2 combinações são necessárias, pelo que as que não são utilizadas devem ser projectadas para não ocorrerem durante o funcionamento normal. Por conseguinte,

devem ser concebidas para não ocorrerem durante o funcionamento normal. Por outro lado, um FSM de estado m requer pelo menos l0g2(m) flip-flops vectoriais de estado.

ii.   Lógica combinatória no estado seguinte :

Um FSM só pode estar num estado num dado momento, e cada transição de relógio ativa leva-o do seu estado inicial para o seu estado final, tal como definido pela lógica do estado seguinte. O estado seguinte é uma função das entradas do FSM e do seu estado atual.

iii.   Lógica de saída combinada :

As saídas são normalmente uma função do estado atual e possivelmente das entradas primárias do FSM (no caso de um Mealiy). Muitas vezes, num FSM Moore, pode querer-se derivar as saídas do estado seguinte, em vez do estado atual, quando o FSM está em execução, em vez do estado atual, quando as saídas são armazenadas no estado seguinte.

a. O MEF de Mealy

Vejamos este exemplo da máquina de estados finitos usando a abordagem de Mealy. A figura 14 ilustra-o.

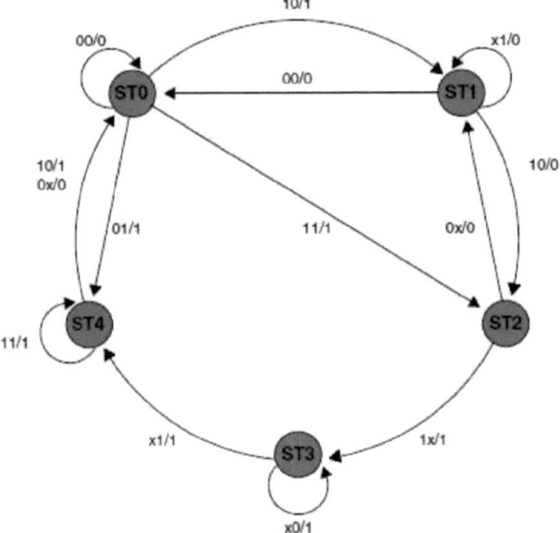


Figura 14 Máquina de estados finitos de Mealy

O código VHDL para a máquina Mealy é o seguinte:

**biblioteca** ieee;

**utilizar ieee**.std_logic_1164.all;

**entidade** mealy **é**

**port** (clock, reset: **em** StdJogic;

data_out: **out** StdJogic;

datajn: **em** std_logic_vector (1 **downto** 0));

**fim da** mealy;

o comportamento **arquitetónico de** mealy **é**

**o tipo** valores_de_estado **é** (st0, stl, st2, st3, st4);

**sinal** pres_state, next_state: Stateyvalues;

**começar**

-     - Registo FSM

```vhdl
statereg: processo (relógio, reinicialização)
começar
se (reset = "0") então
pres_state <= st0;
elsif (evento'relógioe relógio =T) then
estado_prévio <= estado_seguinte;
fim se;
fim do processo statereg;
-     - Bloco combinacional FSM
fsm: processo (pres_state, datajn)
começar
case pres_state is
quando st0 =>
case datajn is
quando "00" => next_state <= st0;
quando "01" => estado_seguinte <= st4;
when "10" => next_state <= stl;
quando "11" => estado_seguinte <= st2;
when others => next_state <= (others <= 'x');
caso final;
quando stl =>
case datajn is
quando "00" => next_state <= st0;
when "10" => next_state <= st2;
when others => next_state <= stl;
caso final;
quando st2 =>
case datajn is
quando "00" => next_state <= stl;
when "01" => next_state <= stl;
when "10" => next_state <= st3;
quando "11" => estado_seguinte <= st3;
when others => next_state <= (others <= 'x');
caso final;
quando st3 =>
case datajn is
quando "01" => estado_seguinte <= st4;
quando "11" => estado_seguinte <= st4;
when others => next_state <= st3;
caso final;
quando st4 =>
case datajn is
quando "11" => estado_seguinte <= st4;
when others => next_state <= st0;
caso final;
```

```
when others => next_state <= st0;
caso final;
fim do processo fsm;
-   - Definição de saída Mealy utilizando pres_state c/ datajn saídas: process (pres_state,
datajn)
começar
case pres_state is
quando st0 =>
case datajn is
quando "00" => data_out<= '0';
when others => data_out <= '1';
caso final;
when stl => data_out <= '0';
quando st2 =>
case datajn is
quando "00" => data_out<= '0';
quando "01" => data_out<= '0';
when others => data_out <= '1';
caso final;
when st3 => data_out <= '1';
quando st4 =>
case datajn is
quando "10" => data_out <= '1';
quando "11" => data_out<= '1';
when others => data_out <= '0';
caso final;
when others => data_out <= '0';
caso final;
resultados finais do processo;
comportar-se no fim;
b. EFM de Moore
O código para a máquina de Moore é o seguinte:
biblioteca ieee;
utilizar ieee.std_logic_1164.all;
entidade moore é
port (clock, reset: em StdJogic;
data_out: out StdJogic;
datajn: em std_logic_vector (1 downto 0));
end moore;
o comportamento arquitetónico de moore é
o tipo valores_de_estado é (st0, stl, st2, st3, st4);
sinal pres_state, next_state: valores_do_estado;
começar
-- Registo FSM
statereg: process (relógio, reinicialização)
```

```vhdl
começar
se (reset = "0") então
pres_state <= st0;
elsif (clock = '1' and clock'event) then
estado_prévio <= estado_seguinte;
fim se;
fim do processo statereg;
-- Bloco combinacional FSM
fsm: processo (pres_state, datajn)
começar
case pres_state is
quando st0 =>
case datajn is
quando "00" => next_state <= st0;
quando "01" => estado_seguinte <= st4;
when "10" => next_state <= stl;
quando "11" => estado_seguinte <= st2;
when others => next_state <= (others <= 'x');
caso final;
quando stl =>
case datajn is
quando "00" => next_state <= st0;
when "10" => next_state <= st2;
when others => next_state <= stl;
caso final;
quando st2 =>
case datajn is
quando "00" => next_state <= stl;
when "01" => next_state <= stl;
when "10" => next_state <= st3;
quando "11" => estado_seguinte <= st3;
when others => next_state <= (others <= 'x');
caso final;
quando st3 =>
case datajn is
quando "01" => estado_seguinte <= st4;
quando "11" => estado_seguinte <= st4;
when others => next_state <= st3;
caso final;
quando st4 =>
case datajn is
quando "11" => estado_seguinte <= st4;
when others => next_state <= st0;
caso final;
when others => next_state <= st0;
```

**caso final;**

**fim do processo** fsm;

-- Definição de saída de Moore utilizando apenas pres_state

outputs: **processo** (pres_state)

**começar**

**case** pres_state **is**

**quando** st0 => data_out <= '1';

**when** stl => data_out <= '0';

**quando** st2 => data_out <= '1';

**quando** st3 => data_out <= '0';

**when** st4 => data_out <= '1';

**when others =>** data_out <= '0';

**caso final;**

resultados **finais do processo;**

comportar-se **no fim;**

7. Conclusão

Neste capítulo, apresentámos alguns exemplos de exercícios em VHDL. Começámos com flip-flops, multiplexers, contadores e, finalmente, máquinas de estados finitos. No apêndice que se segue, apresentamos um exemplo de um projeto embebido que utiliza uma plataforma baseada em FPGA.

# CAPÍTULO 6

# Aplicação prática de VHDL

1. Integração VHDL

O objetivo desta aplicação é integrar um bloco VHDL como um periférico no ML 507[13] e testá-lo.

O trabalho envolve :

- Tomemos um bloco de multiplicação VHDL escrito e testado no ISE [14].
- Criar uma arquitetura baseada em Microblaze [15] no Xilinx EDK [16].
- Criar e importar o dispositivo nesta arquitetura.

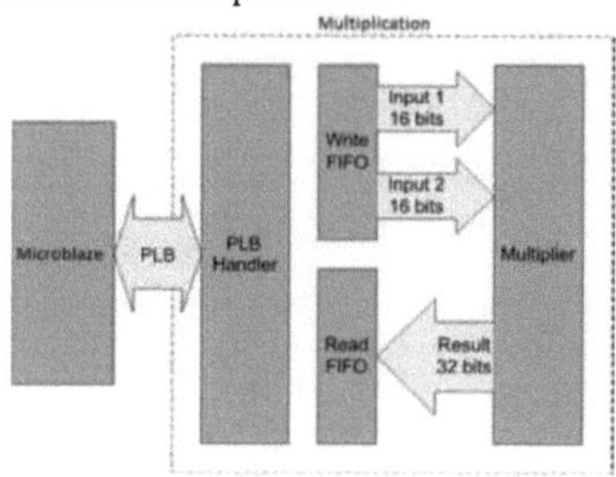


A multiplicação tem duas entradas sem sinal de 16 bits e uma saída sem sinal de 32 bits. Utilizaremos :

- Uma operação de escrita no dispositivo de 32 bits. Temos duas entradas, cada uma com um tamanho de 16 bits. O barramento está dividido em duas partes, as 16 inferiores para a primeira variável e as 16 superiores para a segunda variável.
- Uma operação de leitura de um dispositivo de 32 bits. O resultado da multiplicação das duas entradas de 16 bits.

Vamos utilizar um dispositivo de leitura e escrita no FIFO [17] para fazer a interface com o software. Desta forma, o dispositivo FIFO de escrita pode ser carregado de acordo com o número de multiplicações a efetuar. Os resultados podem ser enviados para o FIFO de leitura para serem recuperados pelo software.

a. Criação do projeto

Siga os passos abaixo:

1. Abrir o XPS e selecionar "Base System Builder wizard" e, em seguida, Ok.

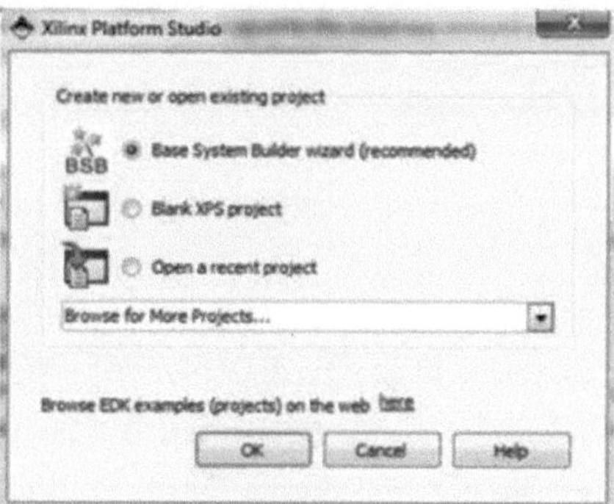


2. Ser-lhe-á pedido que escolha a pasta na qual pretende guardar o projeto. Clique em

"Procurar" e crie um novo projeto. Dê-lhe o nome de sistema e clique em "OK".

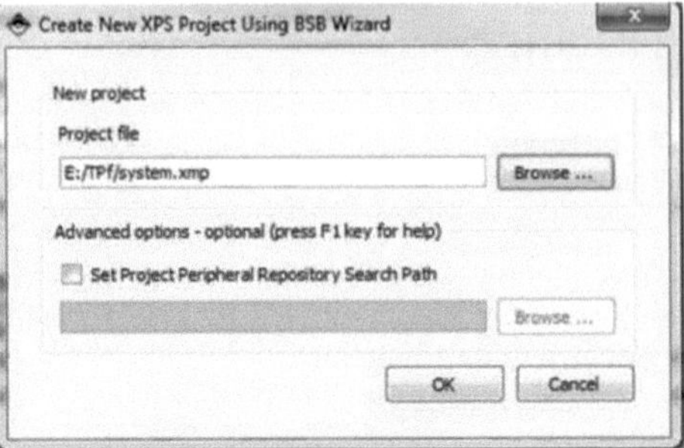

3.  Selecione "I would like to create a new design" e clique em "Next".

4.  No menu "Select Board" (Selecionar placa), selecione "Xilinx" como fornecedor da placa. Escolha a placa ML 507 com as caraterísticas FPGA existentes

5.  No menu "Base system Builder", selecione Single Processor System.

6. Na página "Select Processor", deve escolher entre o processador PowerPC "hard" ou o processador Microblaze "soft". Iremos escolher o Microblaze. Depois clique em "Next". Configure o Microblaze e selecione a frequência de relógio de 125MHz.

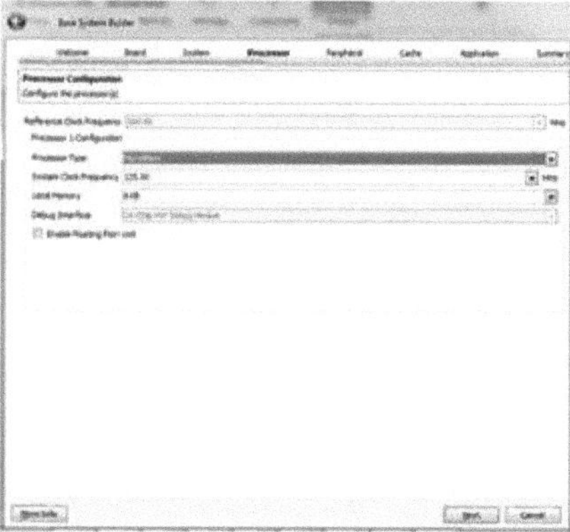

7. Mantenha o RS232, bem como o dlmb e o ilmb

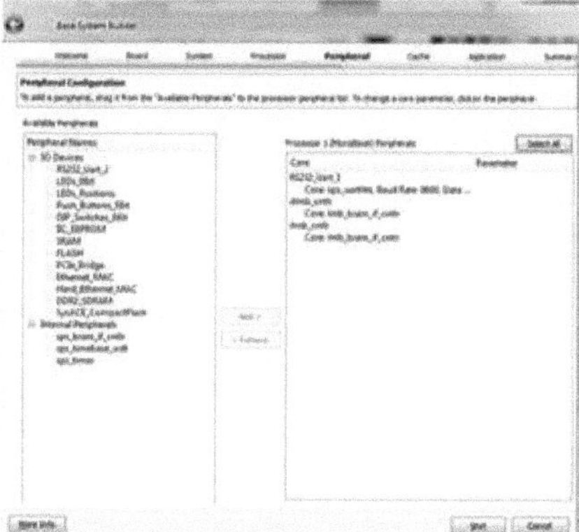

8. O resultado deve ser o seguinte.

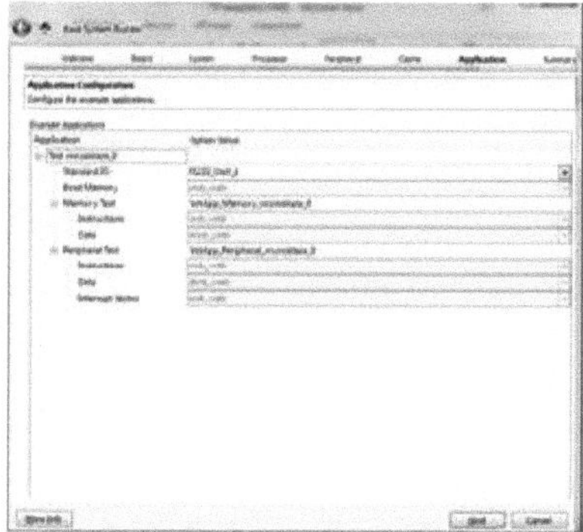

9 O resultado é resumido na figura seguinte

10. Clicar em "terminar".
11. Selecione "Start using Platform Studio" e, em seguida, escolha Ok

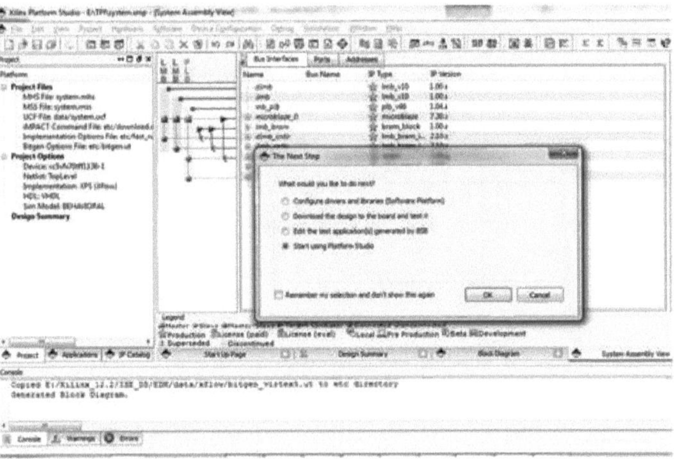

b. Criar um dispositivo de multiplicação
Siga os passos abaixo para criar um dispositivo de multiplicação.
1. Selecione "Hardware->Create or Import Peripheral" a partir do menu. Clique em "Next" (Seguinte).
2. Selecione "reate templates for a new peripheral" (criar modelos para um novo periférico) e clique em "next" (seguinte).

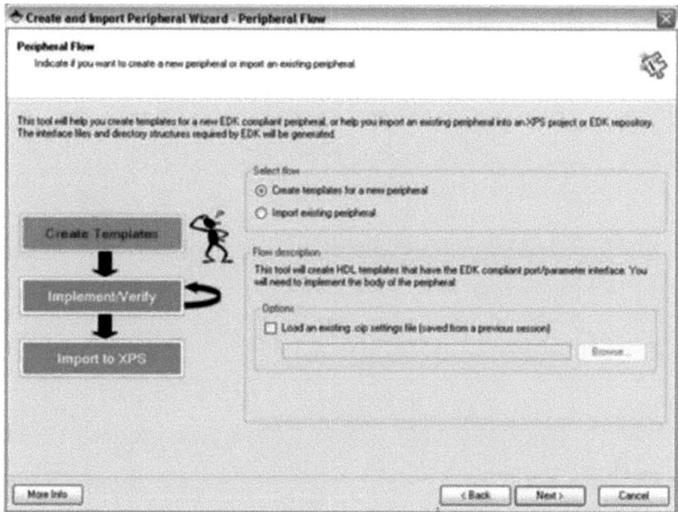

3. Selecione "Para um projeto XPS". Clique em "Seguinte".

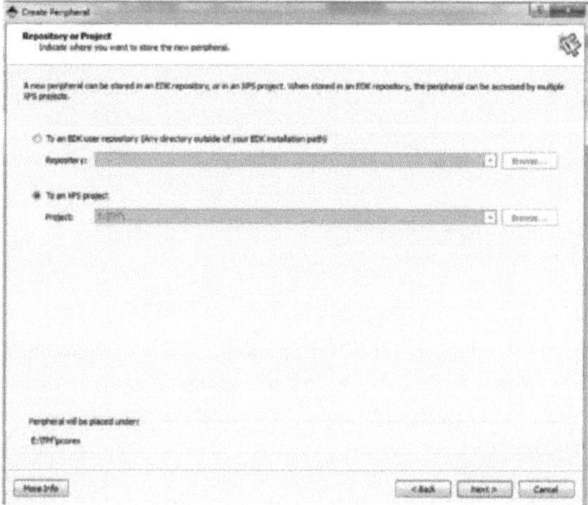

3.    Na página "Name and Version" (Nome e versão), escreva "my_multiplier" para o nome do dispositivo. Clique em "Next" (Seguinte).

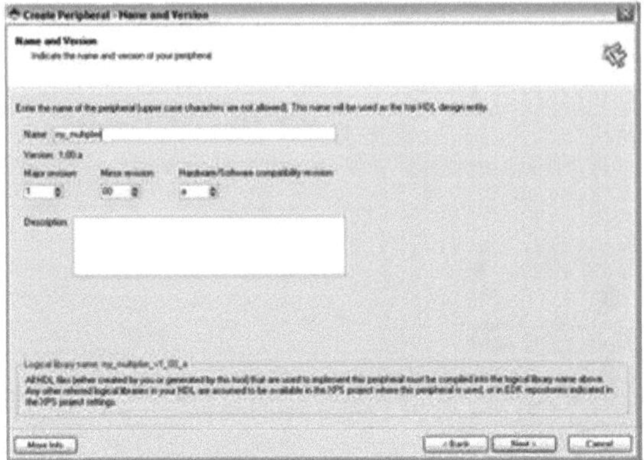

Selecione o autocarro "Para um XPS" e clique em Seguinte.

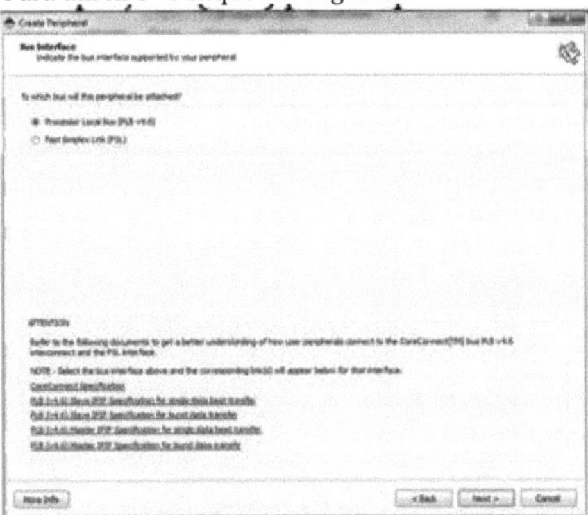

6. Na página "IPIF Services", o Peripheral Wizard pode gerar o nosso modelo VHDL e incluir vários dados. Selecione "Read/Write FIFO" e "Include data phase timer" e clique em next

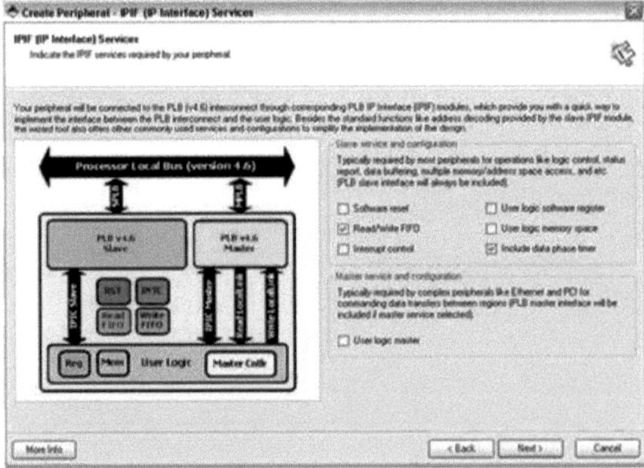

7. Na página "Slave Interface", clique em "Next" (Seguinte).

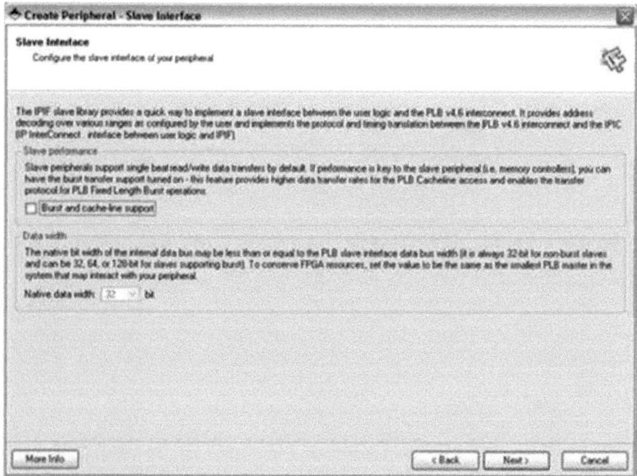

8. Manter os mesmos dados e escolher um FIFO de 512 KB.

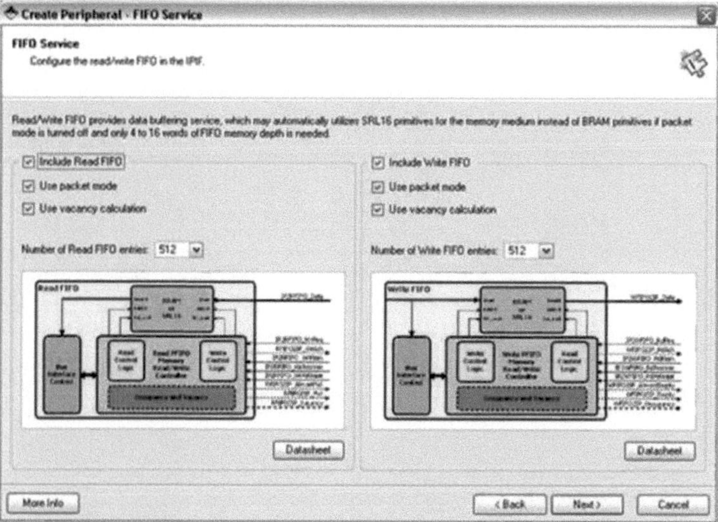

9. Na página "IP Interconnect", mantenha a configuração básica e clique em "Next" (Seguinte).

10. Na página "Peripheral Simulation Support", clique em "Next" (Seguinte) sem selecionar nada.

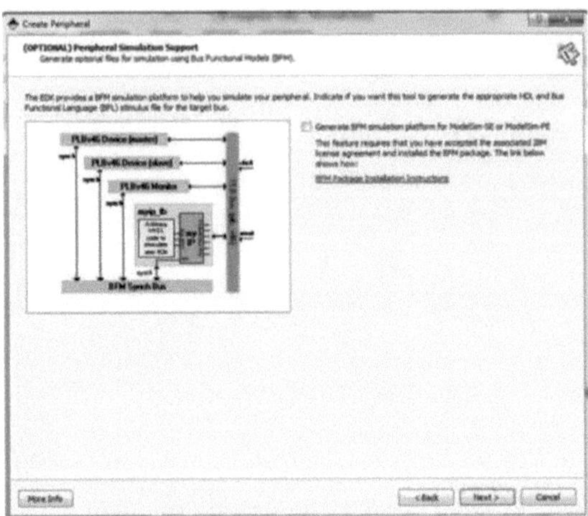

11. Na página "Peripheral Implementation Support", selecione "Generate ISE and XST project files" e "Generate template driver files". Clique em "Next" (Seguinte).

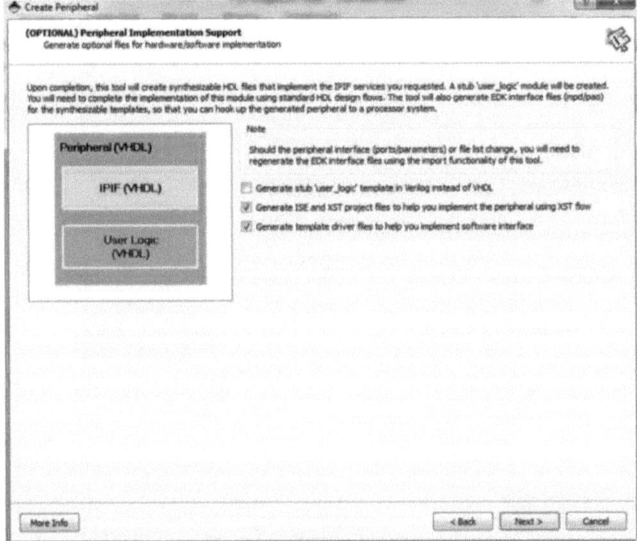

12. Clique em "Concluir". O esqueleto do nosso acelerador está criado.

c.  Criar o multiplicador em VHDL

Seguindo estes passos, pode definir o multiplicador a ser utilizado:

1.  Selecione "File->New" (Ficheiro->Novo). Escreva o código VHDL para a multiplicação no ficheiro

2.  Copiar o seguinte código

```
Biblioteca;
utilizar ieee.std_logic_1164.all;
utilizar ieee.std_logic_arith.all;
utilizar ieee.std_logic_unsigned.all;
entidade
```

multiplicador é port(

elk : em StdJogic;

a : in std_logic_vector(15 downto

0); b : in std_logic_vector(15 downto 0); p : out std_logic_vector(31 downto 0]

J;

multiplicar no fim;

a arquitetura IMP do multiplicador é begin

processo

(dk]

começar

se [evento clk'e elk = '1'] então

p <= unsigned(a] * unsigned(b]; endif; end

processo;

fim IMP;

3.    Guardar o ficheiro com o título "multiply.vhd" na pasta "pcores\my_multiply_vl_00_a\ hdl\ vhdl".

d.    Modificar o ficheiro DTP

O ficheiro .pao contém uma lista de todos os ficheiros que contêm o nosso dispositivo. Utilizamos esta lista quando chamamos o Peripheral Wizard no modo Import. Como adicionámos o ficheiro ("multiplier.vhd"), é importante incluí-lo no ficheiro .pao.

1.    Selecionar "File->Open" e na pasta "pcores\my_multiplier_vl_00_a\data". Escolha o ficheiro "my_multiplier_v2_1_0.pao" e, em seguida, clicar em "Abrir".

2.    Acrescentar "lib my_multiplier_vl_OO_a multiply vhdl" após as linhas :

lib my_multiplier_vl_OO_a UserJogic vhdl

lib my_multiplier_vl_OO_a my_multiplier vhdl

3.    Guardar ficheiro

Agora que a adição foi concluída com sucesso, deve notar-se que cada vez que um bloco VHDL é configurado, deve ser adicionada uma linha com o seu nome e localização neste ficheiro para que possa ser apontado.

e.    Alteração do dispositivo

Agora que o nosso código foi adicionado ao nosso modelo de dispositivo, vamos instanciar o nosso dispositivo e ligá-lo ao nosso FIFO.

1.    Selecione "File->Open" (Ficheiro->Abrir) no menu da pasta do projeto.

2.    Abra a pasta: "pcores\my_multiplier_vl_00_a\hdl\vhdl". Contém dois ficheiros fonte que descrevem o nosso dispositivo. Estes são "my_multiplier.vhd" e "userjogic.vhd". O primeiro representa a parte principal do nosso dispositivo. Implementa a interface com o OPB. O segundo ficheiro é onde colocaremos a nossa lógica personalizada para manipular o nosso dispositivo.

3.    Abrir o ficheiro "userjogic.vhd". Vamos instanciar o multiplicador e ligá-lo ao FIFO em modo de leitura e escrita.

4.    Encontre a linha "-USER signal declarations added here" e adicione as seguintes linhas logo abaixo dela, componentmultiplier

porto (

elk: em StdJogic;

a:      em std_logic_VECTOR(15 downto O];

b:      em std_logic_VECTOR(15 downto O];

p:      out std_logic_VECTOR(31 downto O]];

componente final;

5.    Localize a linha "-USER logic implementation added here" e adicione as seguintes linhas de código.

multiplicar_O :

multiplicar o mapa de portas (

clk=>Bus2IP_Clk,

a => WFIFO2IP_Data(16 a 31],

b => WFIFO2IP_Data(0 to 15],
p => IP2RFIF0.Data];

6.  Eliminar ou comentar "IP2RFIF0_Data <= WFIF02IP_Data;"
7.  Guardar e fechar o ficheiro.

f.  Importar o dispositivo Multiplicador

Agora vamos importar o dispositivo de multiplicação.

1.  Selecione "Hardware->Criar ou importar periférico" e clique em "Seguinte".
2.  Selecione "Importar periférico existente" e clique em seguinte.

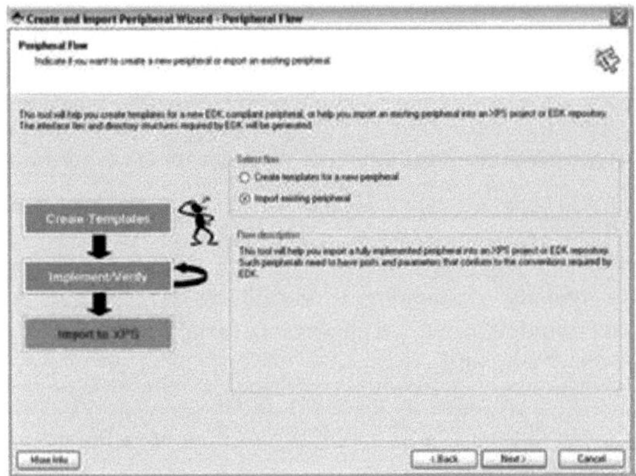

3.  Selecione "Para um projeto XPS", escolha a pasta do projeto e clique em "Seguinte".

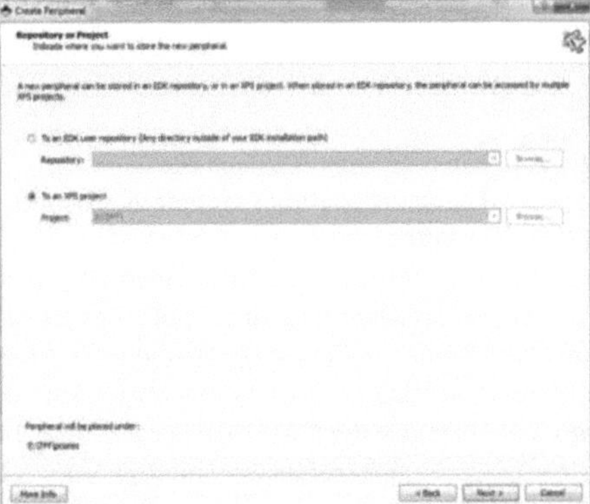

4.  Escolher o ficheiro com o nome "my_multiplier". Escolha "Utilizar versão" e selecione a versão criada. Clique em "Seguinte". Ser-lhe-á perguntado se pretende substituir a versão existente e deverá selecionar "Sim".

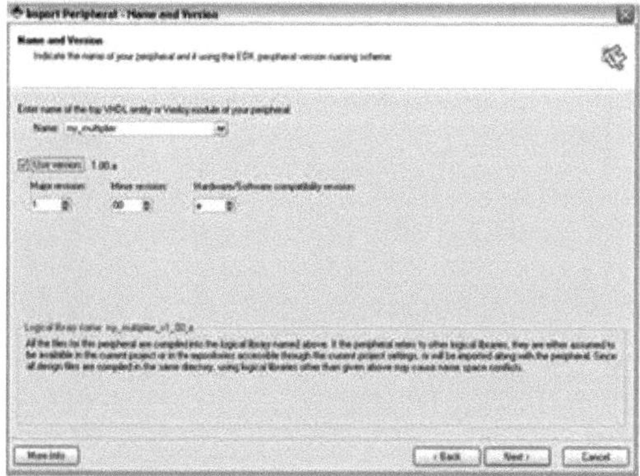

5.  Agora somos questionados sobre os ficheiros que compõem o nosso periférico. Assinale 'HDL source files" e clique em "Next".

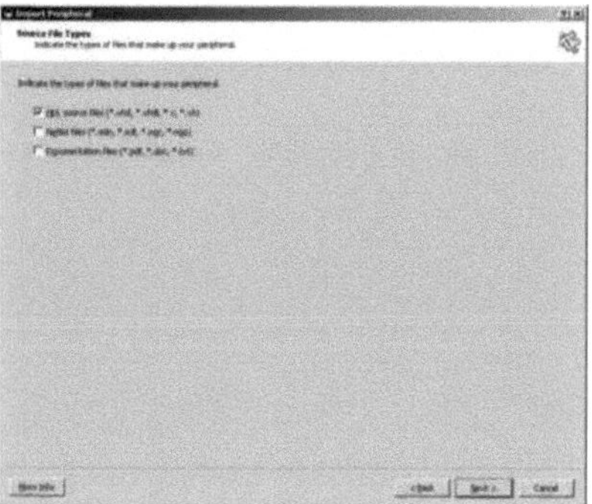

6.  Selecione "Use existing Peripheral Analysis Order file (*.pao)" e clique em "Browse". Na pasta do projeto, vá para "pcores\my_multiplier_vl_00_a\data" e ficheiro "my_multiplier_v2_l_0.pao". Clique em "Next" (Seguinte).

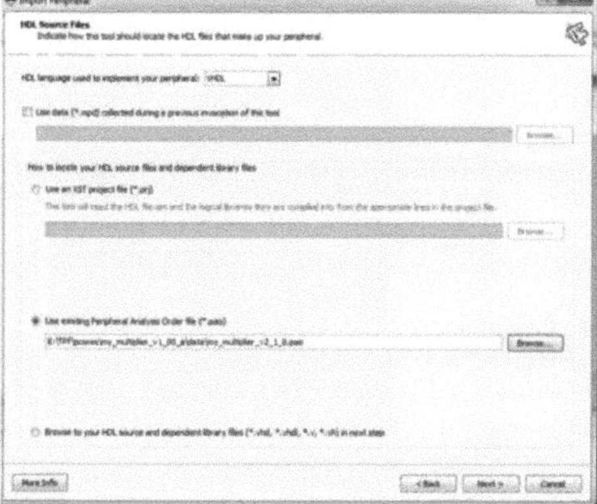

7.  Na página de informações da análise HDL, encontrará o ficheiro "multiplier.vhd". Clique em "Next" (Seguinte).

8. Na página Bus Interfaces (Interfaces de barramento), selecionar "PLB Slave" e clicar em "Next" (Seguinte).

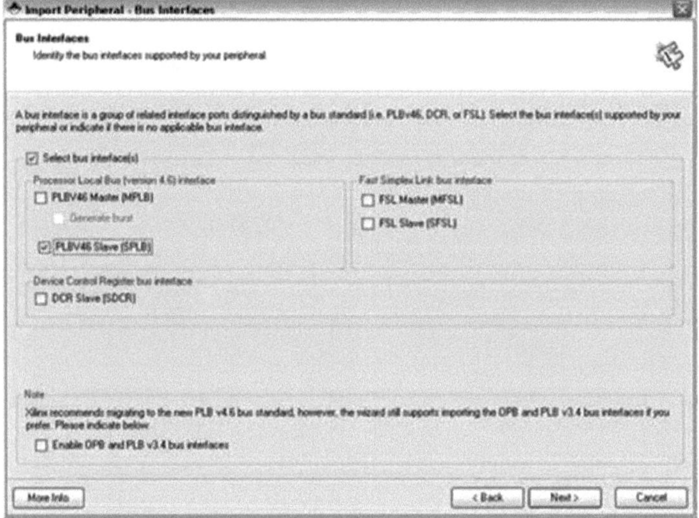

9. Em SPLB: Portpage, clique em "Next" (Seguinte).
10. Na página SPLB:Parameter (Parâmetro), clique em "Next" (Seguinte).
11. Na página "Parameter Attributes" (Atributos dos parâmetros), clique em "Next" (Seguinte).
12. Na página "PortAttributes", clique em "Next" (Seguinte).
13. Clique em "Concluir".

O nosso multiplicador está agora acessível a partir de "Catálogo IP->Projectos locais na interface XPS.

## g. Criar um instantâneo de dispositivo

Siga estes passos para criar uma instância do dispositivo no projeto.

1. No "Catálogo de IP", encontre o IP "my_multiplier" no grupo "Repositório de projectos". Clique com o botão direito do rato no núcleo e selecione "Adicionar IP".

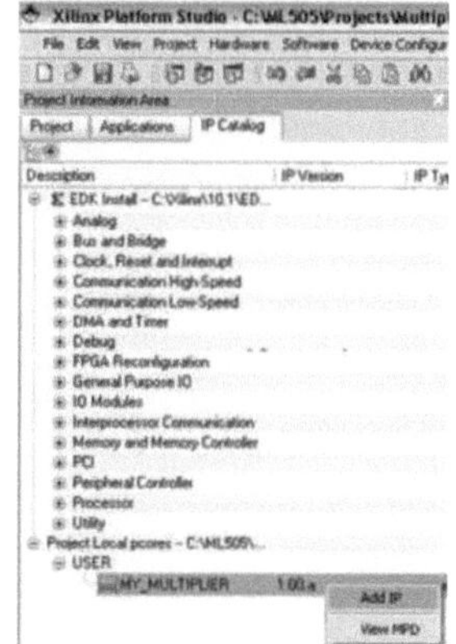

2. A partir de "System Assembly View", utilizando a "Bus Interface", ligar "my_multiplier_0" ao barramento PLB.

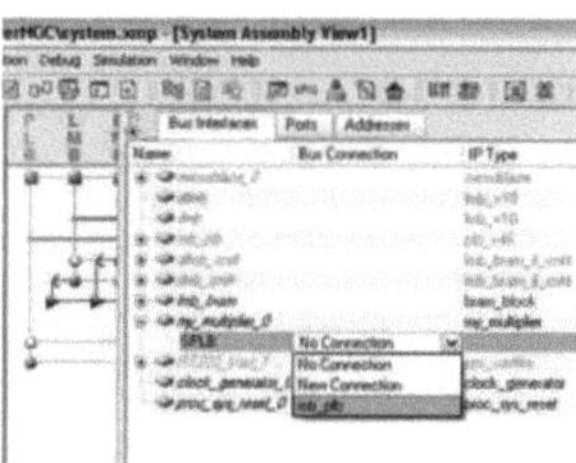

3. Clique no filtro "Addresses". Altere o tamanho de "my_multiplier_0" para 64K. Em seguida, clique em "Generate Addresses" (Gerar endereços).

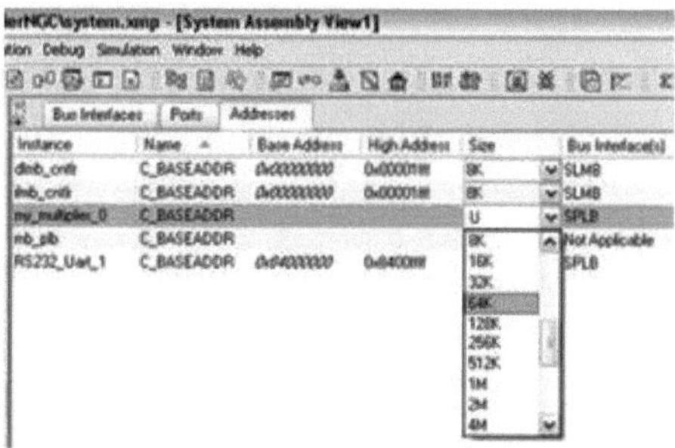

Assim, a parte da conceção do hardware está concluída.

## h. Modificar a aplicação de software

Agora precisamos de modificar a nossa aplicação de software para a podermos testar.

1. No separador "Aplicações", abra "Fontes" na árvore "Projeto: TestApp_Peripheral". Abra o ficheiro fonte "TestApp_Peripheral.c".

2. Substituir o código fonte pelo seguinte código.

```
#include "xparameters.h"
#include "xbasic_types.h"
#include "xstatus.h"
#include "meu_multiplicador.h"
Xuint32 *baseaddr_p = (Xuint32 *)XPAR_MY_MULTIPLIER_0_BASEADDR;
intmain [void] { Xuint32 i; Xuint32 temp; Xuint32 baseaddr;
// Limpar o ecrã
```

```c
xiLprintf("%c[2J",27);
// Verificar se o periférico existe XASSERT_NONVOID(baseaddr_p
!= XNULL]; baseaddr = (Xuint32] baseaddr_p;
xil_printf("Teste de Multiplicação\n\r");
II Repor os FIFOs de pacotes de leitura e escrita no estado inicial
MY_MULTIPLIER_mResetWriteFIFO(baseaddr];
MY_MULTIPLIER_mResetReadFIFO(baseaddr];
11 Introduzir dados no FIFO de pacotes de escrita for(i = 1; i <= 4; i++ ]{
temp = (i << 16] + i;
xil_printf("Escreveu: 0x%08x \∏\r", temp];
MY.MULTIPLIERmWriteToFIFOtbaseaddr,0, temp);
}
// retirar dados do FIFO de pacotes de leitura for(i = 0;i <
4; i++){
temp = MY_MULTIPLIER_mReadFromFIFO(baseaddr,0); xil_printf("Read: 0x%08x\n\r", temp);
}
// Repor os FIFOs de leitura e escrita MY_MULTIPLIER_mResetWriteFIFO(baseaddr);
MY_MULTIPLIER_mResetReadFIFO(baseaddr);
xil_printf("Fim do teste\n\n\r");
// Permanece num ciclo infinito while(l){
}
}
```

3.   Guardar e fechar o ficheiro selecionado

i.   Testar o projeto

1.   Abra o Hyperterminal e ligue o ML 507.

2.   A partir do software XPS, selecionar "Device Configuration->Download Bitstream". O resultado será o seguinte:

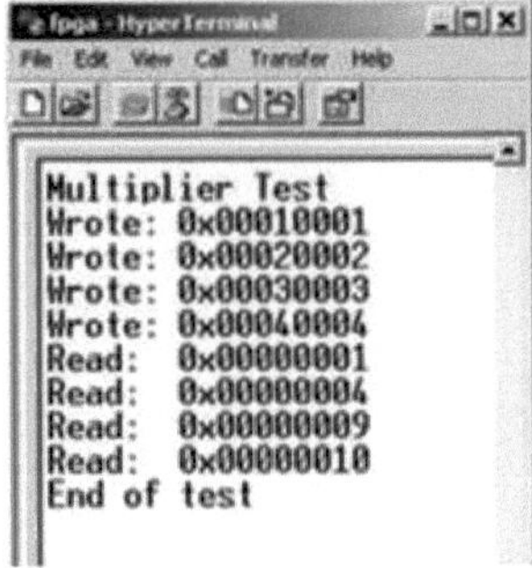


**Teste do Multiplicador Escreveu: 0x00010001 Escreveu: 0x00020002 Escreveu: 0×00030003 Escreveu: 0x00040004 Leu: 0x00000001 Leu: 0x00000004 Leu: 0x00000009**
**Leitura: 0x00000010**
**Fim do ensaio**

j.   Memória partilhadaviinteracção

a. Introdução

Neste laboratório, vamos percorrer os passos necessários para criar e executar um sistema dual-core baseado em microblaze. Este sistema requer a especificação da arquitetura de hardware e da aplicação de software que será executada.

Vamos também introduzir o conceito :

-Memória partilhada com mecanismos de sincronização

-S Mutex (exclusão mútua) para garantir que um recurso partilhado não é utilizado simultaneamente por ambos os processadores.

b. Ambiente de trabalho

*S* Placa de desenvolvimento ML507
*S* Cabo RS232
*S* HyperTerminal ou outro cliente de terminal
*S* Xilinx Platform Studio 12.1

## c. Criar um projeto

♦ ♦♦ Navegue até Xilinx ISE Design Suite 12.1 → EDK → Xilinx Platform Studio Após iniciar a ferramenta, certifique-se de que Base System Builder esteja selecionado.

♦ ♦♦ Clique em Procurar e especifique o local onde pretende criar o seu projeto!

O caminho não deve conter espaços C:/workshop/system.xmp O projeto será guardado como um ficheiro .xmp

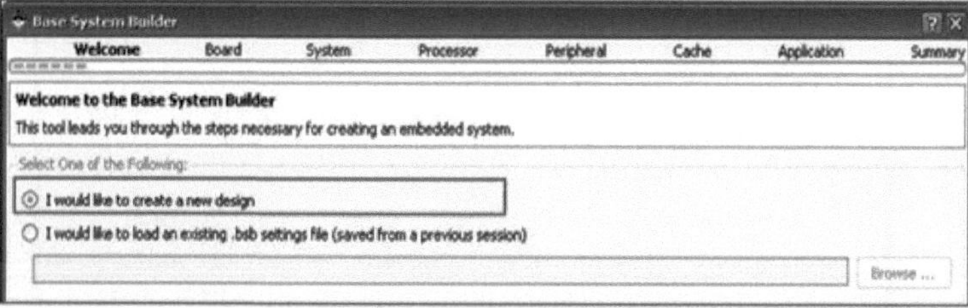

♦

♦ ♦♦ Criar um novo desenho

♦ Escolha a placa de destino para a qual você deseja criar o design: Virtex 5 ML507 Evaluation Platform.

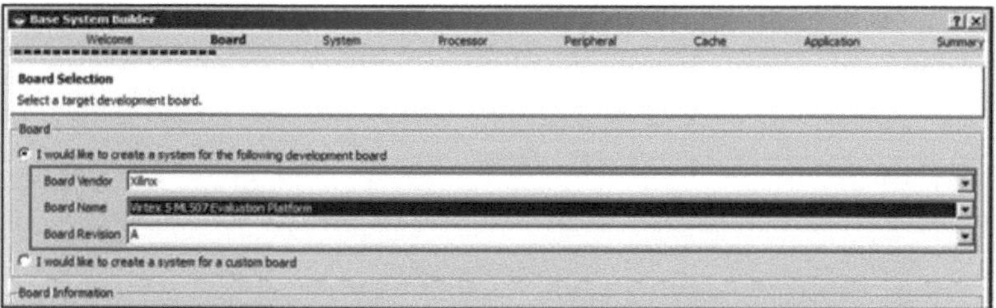

♦   Ser-lhe-á pedido que escolha entre "Sistema de processador único" ou "Sistema de processador duplo".
Neste laboratório, você desenvolverá um "Sistema de processador duplo".
♦   ♦♦ Escolha :
S Microblaze como o tipo para ambos os processadores.
S 125 MHz como frequência de relógio do sistema
S 64KB como tamanho da memória local

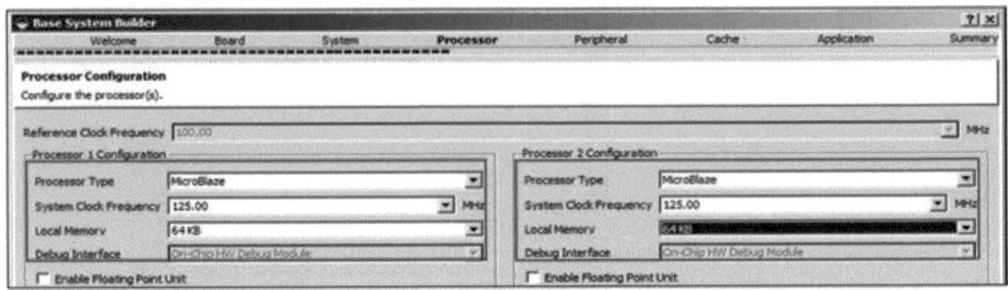

O próximo passo permitir-lhe-á adicionar/remover dispositivos de/para o sistema.
Configurar os periféricos para obter a seguinte arquitetura:

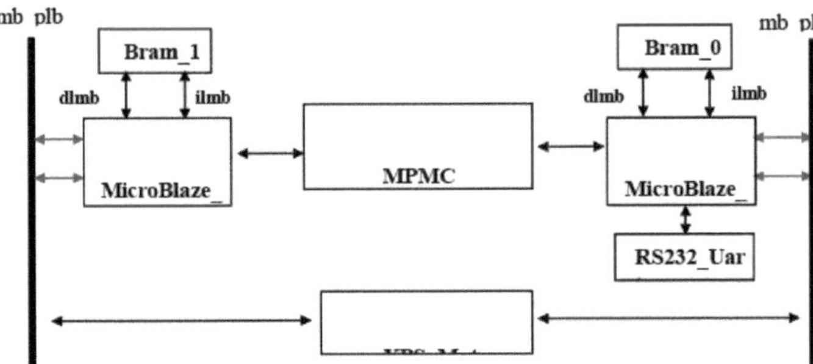


♦♦♦ Prima Seguinte até aparecer a janela "Resumo" e, em seguida, Concluir para gerar o seu sistema.
Nota: o quadro da esquerda contém 3 separadores: *Projeto, Aplicações* e *Catálogo IP*. Seria interessante dar uma vista de olhos aos ficheiros MHS, MSS e UCF localizados no separador Project. O Catálogo de IPs contém uma coleção de todos os IPs que podem ser adicionados a um sistema.

d.   Geração de arquitetura

Agora estamos prontos para criar a primeira parte da configuração da FPGA, que é a descrição do Arquitetura de hardware.
♦   ♦♦ Selecionar hardware → Gerar lista de rede
Esta fase resume os vários blocos IP presentes no sistema.

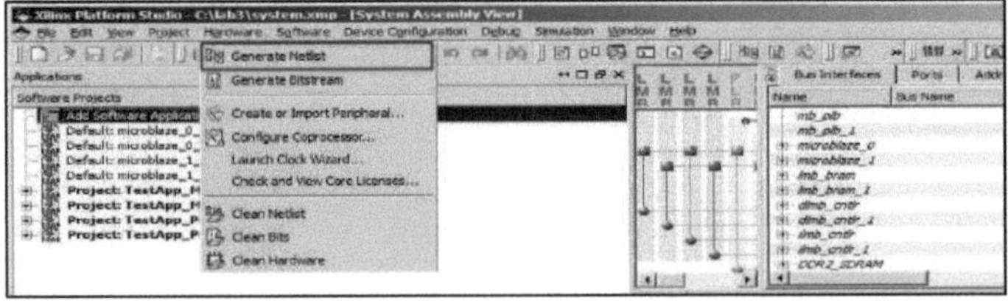

♦   ♦♦ Após a fase de síntese, o XPS deve realizar o mapeamento e a colocação e encaminhamento de forma a obter um ficheiro bitstream .bit presente em implementation/system.bit.
Selecionar Hardware → Gerar fluxo de bits

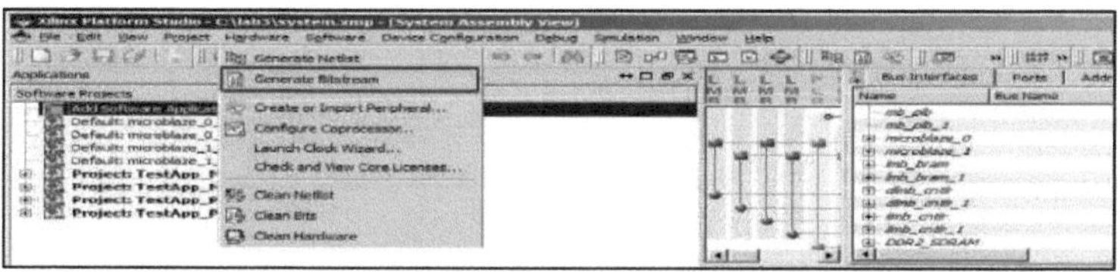

Na aba Aplicativos, CarregarBRAMcom dois loops de inicialização

O programa de bootloop deve ser usado para ocupar o processador até que a aplicação seja carregada na memória.

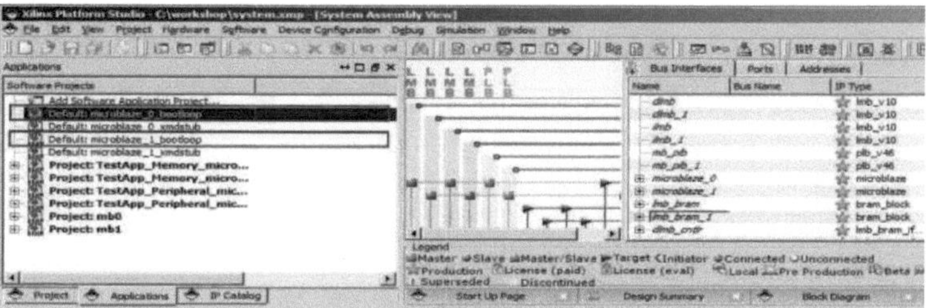

♦ O fluxo de bits gerado anteriormente contém apenas informações de hardware.

Para preencher o software com o fluxo de bits, vamos fazer uma atualização do fluxo de bits Selecionar Configuração do dispositivo → Atualizar fluxo de bits

Esta etapa combinará o fluxo de bits (system.bit) com os dois arquivos elf do bootloop (microblaze_0.elf) e (microblaze_1.elf) para produzir um arquivo [download.bit] pronto para ser carregado no FPGA.

♦ ♦♦ Selecionar a configuração do dispositivo → DownloadBitstream

e. Criação de software

O programa solicitado (produtor/consumidor):

$S$ microblaze_0 escreve o valor de i (i de 0 a 9]

$S$ microblaze_1 lê este valor e multiplica-o por 10

$S$ Cada vez que o microblaze_0 escreve um valor na memória, o microblaze_1 lê-o, multiplica-o e apresenta-o.

$S$ o mecanismo de sincronização é fornecido por Flags.

♦♦♦ No separador Aplicações, faça duplo clique em Adicionar projeto de aplicação de software

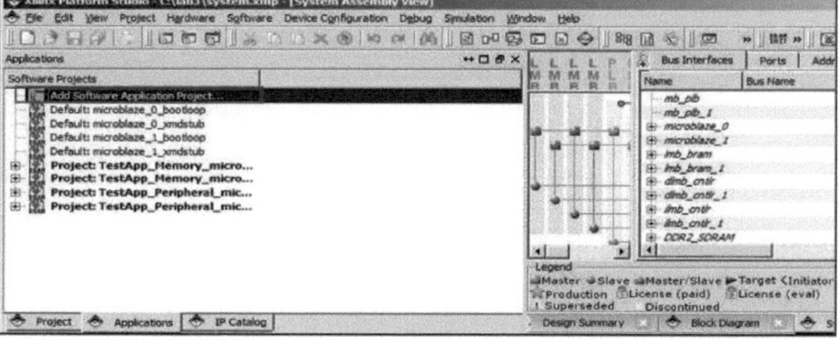

Na janela que aparece, introduza o nome do projeto e o processador associado.
Este passo será repetido duas vezes: uma para o microblaze_0 e outra para o microblaze_l.

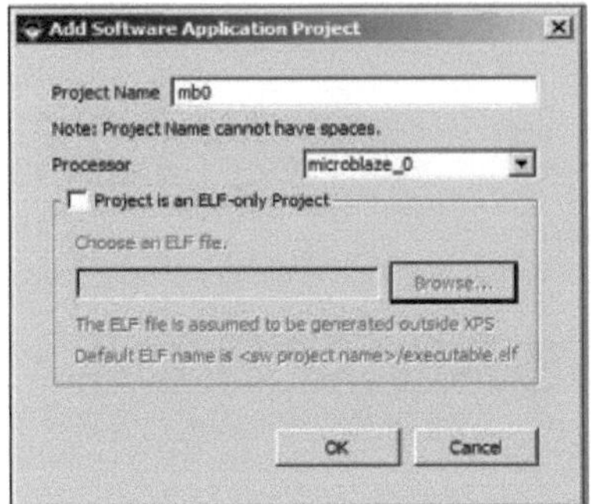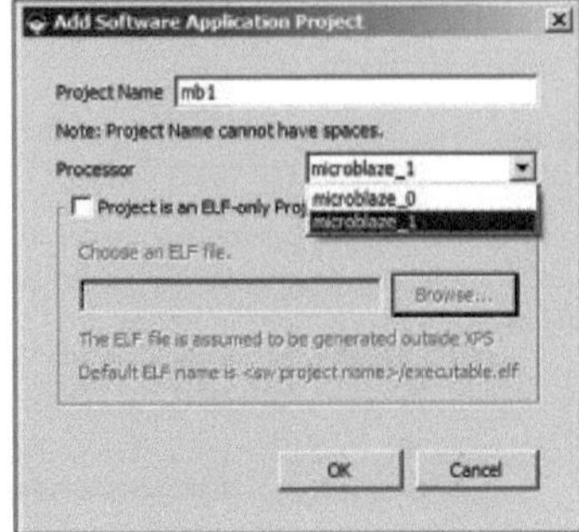

Verá que ambos os projectos foram criados no separador de aplicações do lado esquerdo.

♦♦♦ Adicione um arquivo .c a cada projeto que você criar.

Clique com o botão direito do rato em Sources → Add Existing file (o ficheiro será fornecido)

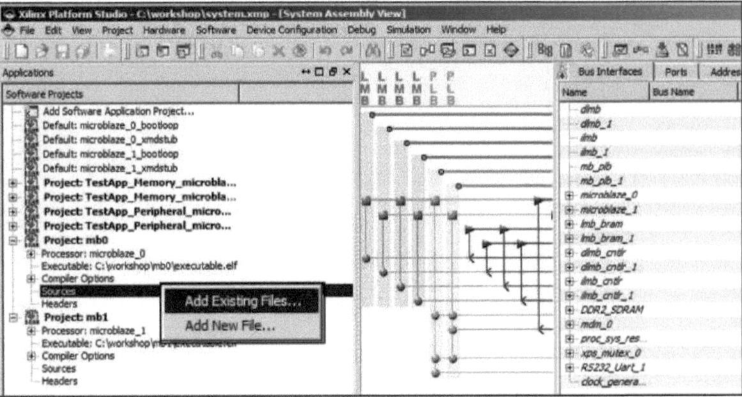

Compilar os dois projectos

## f. Execução e visualização

Os dois processadores comunicam com o mundo exterior através da UART.

O microblaze_0 utiliza a RS232_UART da placa. Como só existe um RS232 na placa e para visualizar a saída do microblaze_l, está disponível um JTAG_UART (núcleo mdm) em cada projeto.

Formicroblaze0

♦♦♦ Abra a comunicação serial RS-232 com a placa usandoTeraTeam

Formicroblazel ♦♦♦ Selecione Debug → inicie o XMD ♦♦♦♦ Para conectar ao mdm_UART, digite connect mdm -uart ♦♦♦♦ Para abrir uma conexão TCP, digite terminal -jtag_uart_server 4321

Abra uma comunicação TCP/IP no Tera Term e defina o número da porta para 4321.

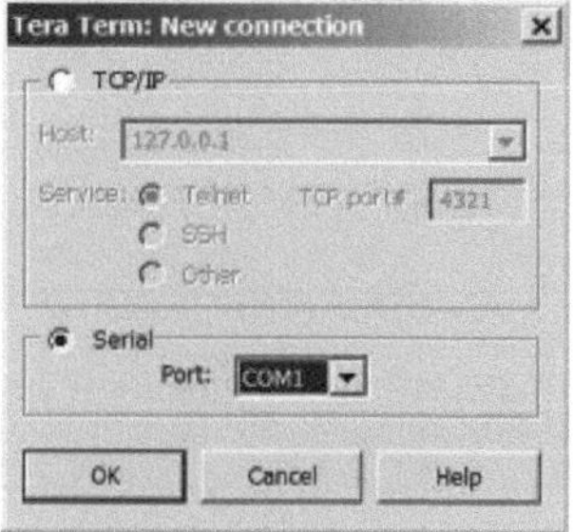
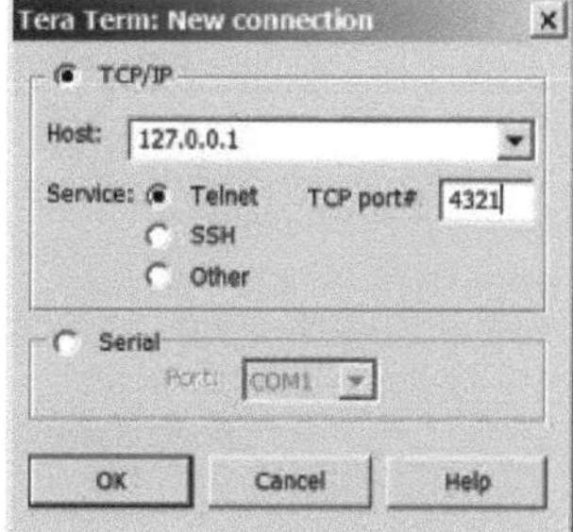

Isto significa que os dois hiperterminais estão abertos e que cada processador apresenta a sua saída.

Para executar o projeto, é necessário carregar as duas aplicações nos processadores correspondentes. Para o fazer

Abrir duas consolas XMD

♦♦♦ Digite os seguintes comandos para cada processador:

*S* cd mbO

*S* dow executável.elf

*S correr*

*S* cd mbl

*S* dow executável.elf

*S* correr

```
C:\Xilinx\12.1\ISE_DS\EDK\bin\nt\xbash.exe

Connected to "mb" target. id = 0
Starting GDB server for "mb" target (id = 0) at TCP port no 1235
XMD% cd mb0
XMD% dow executable.elf
Processor Reset ..... DONE
Downloading Program -- executable.elf
        section, .vectors.reset: 0x00000000-0x00000003
        section, .vectors.sw_exception: 0x00000008-0x0000000b
        section, .vectors.interrupt: 0x00000010-0x00000013
        section, .vectors.hw_exception: 0x00000020-0x00000023
        section, .text: 0x00000050-0x00003d63
        section, .init: 0x00003d64-0x00003d87
        section, .fini: 0x00003d88-0x00003da3
        section, .ctors: 0x00003da4-0x00003dab
        section, .dtors: 0x00003dac-0x00003db3
        section, .rodata: 0x00003db4-0x0000438d
        section, .data: 0x00004390-0x000048c7
        section, .eh_frame: 0x000048c8-0x000048cb
        section, .jcr: 0x000048cc-0x000048cf
        section, .bss: 0x000048d0-0x0000494b
        section, .stack: 0x0000494c-0x00004d4f
Setting PC with Program Start Address 0x00000000

XMD% run
```

## 3. Exemplo de sincronização com o IP Mutex ao aceder a um recurso partilhado (RS232_UART)

O objetivo deste Laboratório B é ilustrar a utilização do XPS_Mutex para assegurar a sincronização no acesso a um recurso partilhado. O recurso partilhado neste exemplo é a interface RS_232. Ambos os processadores dirigem o seu STDOUT para a consola partilhada. Sem sincronização, a saída da consola será distorcida e inútil. Assim, cada processador bloqueia o XPS_Mutex antes de escrever para a consola e desbloqueia o Mutex quando é feita uma saída.

O periférico mais importante nesta arquitetura é a porta RS232, que não é um IP que inclua uma porta dupla ou múltipla, pelo que esta porta só será ligada através de um único barramento PLB, o que significa que apenas um processador pode ser depurado. Assim, para podermos apresentar mensagens de ambos os processadores e depurá-los em conjunto, precisamos de adicionar uma ponte PLB para PLB que dê acesso ao segundo processador para a porta RS232 e, em seguida, o IP XPS_Mutex precisa de sincronizar estes processadores.

Procedimento

❖ No separador Catálogo IP, em

Autocarro e ponte Adicionar

Ponte 1'IP Plb46 para Plb46

❖ Ligar esta ponte ao resto da arquitetura

J A porta Master (MPLB) deve ser ligada ao microblaze_0, uma vez que o RS_232 lhe pertence.

A porta Slave (SPLB) deve ser ligada ao microblaze_l

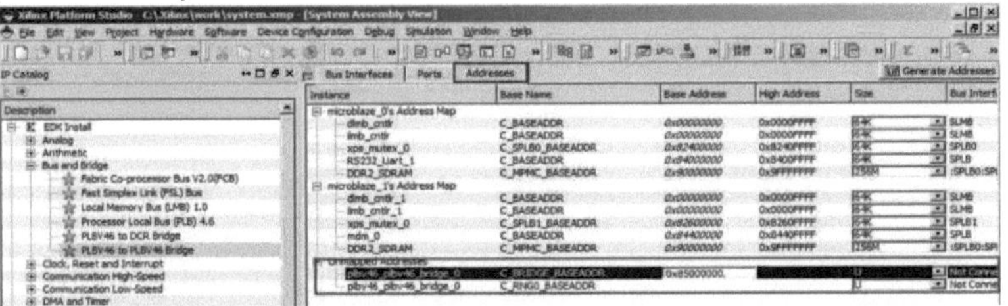

No separador Endereços

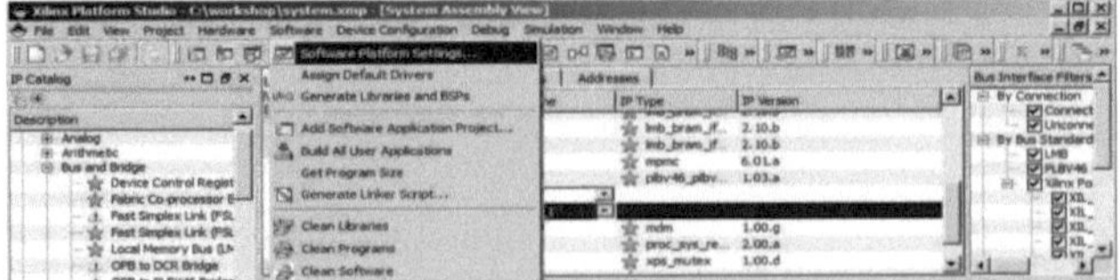

Associar a C_BRIDGE_BASEADDR

J Endereço 0x85000000

J Tamanho 4K

Para dar ao segundo **processador** acesso à porta RS_232, defina o endereço de

C_Rango_BASEADDR para 64K.

❖ Gerar lebitstream

❖ O programa a ser implementado é o descrito acima.

J Modificar o código utilizando o Mutex para a sincronização.

J Verifique se STDIN e STDOUT no segundo processador estão atribuídos à interface RS 232.

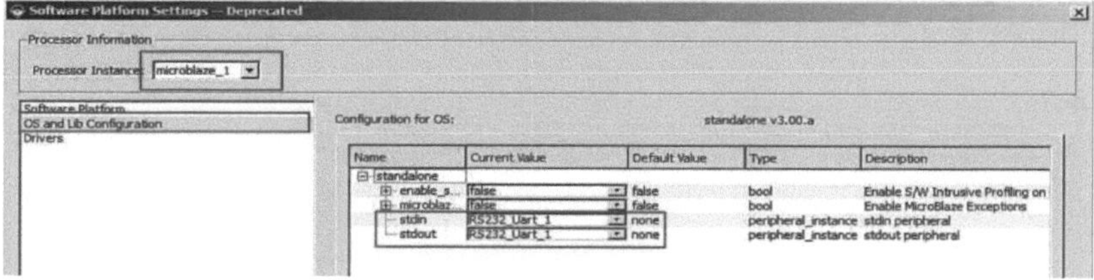


*J* Compilar os seus projectos.

- ❖ Executar ambas as aplicações através do XMD ao mesmo tempo
- ❖ Verifique a saída de ambos os processadores (o ecrã num único HyperTerminalj.

## Referências

[1]  C. Alexandre, "Conceção digital em VHDL", Conservatório Nacional das Artes e Ofícios, FIP-CPI 2017-2018

[2]  https://www.ieee.org/, visitado em 01/12/2023

[3]  IEEE Standard VHDL Language Reference Manual, em *IEEEStd 1076-2002 (Revision of IEEE Std 1076, 2002 Edn)*, vol. no., pp.1-308, 17 de maio de 2002, doi: 10.1109/IEEESTD.2002.93614.

[4]  IEEE Standard VHDL Language Reference Manual", em *ANSI/IEEE Std 1076-1993*, vol. nº, pp.1-288, 6 de junho de 1994, doi: 10.1109/IEEESTD.1994.121433.

[5]  D. Biederman, "An overview on writing a VHDL testbench," *Proceedings The Twenty-Ninth Southeastern Symposium on System Theory*, Cookeville, TN, USA, 1997, pp. 384-388, doi: 10.1109/SSST.1997.581677.

[6]  Pong P. Chu, RTL Hardware Design UsingVHDL: Coding for Efficiency, Portability, andScalability, B017S2I996, Publisher: JohnWiley&SonsInc

[7]  https://www.intel.com/content/www/us/en/software-kit/750368/modelsim- intel-fpgas-standard-edition-software-version-18-l.html, visitado em 05/01/2024

[8]  https://www.hdlworks.com/hdl_corner/vhdl_ref/VHDLContents/PortMap.htm, 05/01/2024

[9]  Codificação Actel HDL, Guia de estilo

[10] R. P. Ribas, A. I. Reis e A. Ivanov, "Performance and functional test of flipflops using ring oscillator structure," *2011 IEEE 6th International Design and Test Workshop (IDT)*, Beirute, Líbano, 2011, pp. 42-47, doi: 10.1109/IDT.2011.6123099.

[11] https://www.emse.fr/~dutertre/documents/machines_a_etats.pdf

[12] http://wiki.polymtl.ca/nano/fr/images/e/e2/INF1500H10Cours8.pdf

[13] https://www.xilinx.com/support/documentation-navigation/boards-and-kits/virtex-5/ml507.html, visitado em 15/07/2022

[14] https://www.xilinx.com/products/design-tools/ise-design-suite.html, visitado em 18/07/2022

[15] https://www.xilinx.com/products/design-tools/microblaze.html, visitado em 18/07/2022

[16] https://www.xilinx.com/products/design-tools/platform.html, visitado em 18/07/2022

[17] https://docs.xilinx.eom/v/u/13.l-English/pg057-fifo-generator, visitado em 18/07/2022

[18] https://www.xilinx.com/products/design-tools/xps.html, visitado em 20/07/2022